Impressum
Verlag: BABADADA GmbH, Nedderfeld 112 , 22529 Hamburg
Geschäftsführer / Verlagsleitung: Harald Hof
Druck: Books on Demand GmbH, In de Tarpen 42, 22848 Norderstedt

Imprint
Publisher: BABADADA GmbH, Nedderfeld 112 , 22529 Hamburg, Germany
Managing Director / Publishing direction: Harald Hof
Print: Books on Demand GmbH, In de Tarpen 42, 22848 Norderstedt

បន្ទប់រៀន
sajili

ចំកែ
kugawanya

186/2

ទីធ្លាសាលារៀន
eneo la shule

ក្ដារ
ubao

គ្រូបង្រៀន
mwalimu

ក្រដាស
karatasi

សរសេរ
kuandika

ប៊ិក
kalamu

តុការិយាល័យ
dawati

បន្ទាត់
rula

សៀវភៅ
kitabu

កូនសិស្ស
mwanafunzi

សម្ពលរៀតសុបកែ

mkoba

ប្រអប់ដាក់ខ្មៅដៃ

kikasha cha penseli

ខ្មៅដៃ

penseli

ប្រដាប់ខ្ចងខ្មៅដៃ

kichonga penseli

ជ័រលុប

mpira

ផ្ទទាំងគំនូរ

pedi ya kuchora

គំនូរ
uchoraji

ជក់គូរ
brashi ya rangi

ឧបរអប់ថ្នាំលាប
sanduku la rangi

កន្ត្រៃ
mkasi

ការបិទ
gundi

សៀវភៅពេលហាត់
daftari

កិច្ចការផ្ទះទៈ
kazi ya nyumbani

ល:ខ
namɔari

បូក
jumlisha

ដក
ondoa

គុណ
zidisha

គណនា
kokotoa

លិខិត
barua

អក្ខរក្រម
alfabəti

ពាក្យ
neno

សាលារៀន - shule   3

អត្ថបទ

maandishi

អាន

kusoma

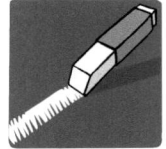

ដីស

chaki

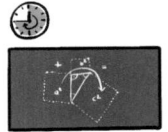

មេរៀន

somo

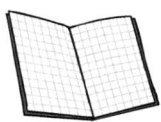

ចុះឈ្មោះ

sajili

ការប្រលង

uchunguzi

វិញ្ញាបនបត្រ

cheti

ឯកសណ្ឋានសាលា

sare za shule

ការអប់រំ

elimu

សព្វវចនាធិប្បាយ

elezo

សាកលវិទ្យាល័យ

chuo kikuu

មីក្រូទស្សន៍

darubini

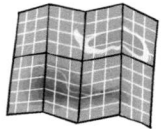

ផែនទី

ramani

កន្ត្រករដាក់សំរាមក្រដាស

kikapu cha kuweka karatasi chafu

ការធ្វើដំណើរ

usafiri

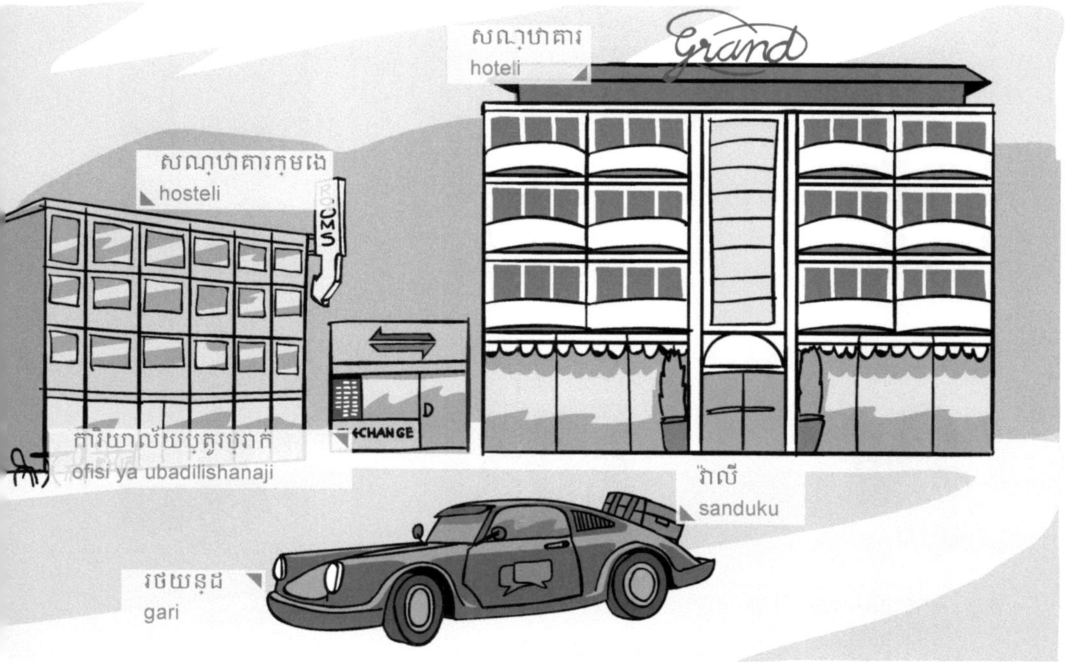

សណ្ឋាគារ
hoteli
Grand
សណ្ឋាគារក្មេង
hosteli
ROOMS
ការិយាល័យប្តូរប្រាក់
ofisi ya ubadilishanaji
EXCHANGE
វ៉ាលី
sanduku
រថយន្ត
gari

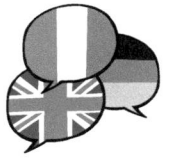

ភាសា

lugha

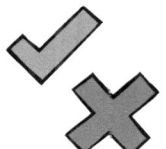

បាទ / ទេ

ndiyo / la

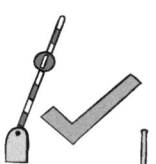

យល់ព្រម

sawa

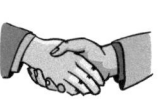

សាយ័ន្តសួស្តី!

hujambo

អ្នកបកប្រែ

mtafsiri

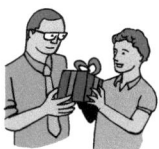

សូមអរគុណ

Asante

ចូលប៉ុន្មាន... ?

kiasi gani ni ...?

ខ្ញុំមិនយល់

Sielewi

បញ្ហា

tatizo

ទិវាសួស្តី!

Jioni njema!

អរុណសួស្តី

Habari za asubuhi!

រាត្រីសួស្ដី!

Usiku mwema!

លាហើយ

kwa heri

ទិសដៅទៅ

mwelekeo

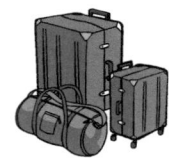

អីវ៉ាន់

mizigo

កាបូប

mfuko

កាបូបស្ពាយក្រោយ

shanta

ភ្ញៀវ

mgeni

បន្ទប់

chumba

ថង់ដេក

begi la kulalia

តង់

hema

ព័ត៌មានទូរសេចរណ៍

taarifa ya utalii

ឆ្នេរ

ufuo

កាតឥណទាន

kadi

អាហារពេលព្រឹក

kifunguakinywa

អាហារថ្ងៃត្រង់

chakula cha mchana

អាហារពេលល្ងាច

chakula cha jioni

សំបុត្រ

tiketi

ជណ្ដើរយន្ត

kuirua

តែម

muhuri

ព្រំដែន

mpaka

គយ

mila

ស្ថានទូត

ubalozi

ទិដ្ឋាការ

visa

លិខិតឆ្លងដែន

pasipoti

ការដឹកជញ្ជូន

usafiri

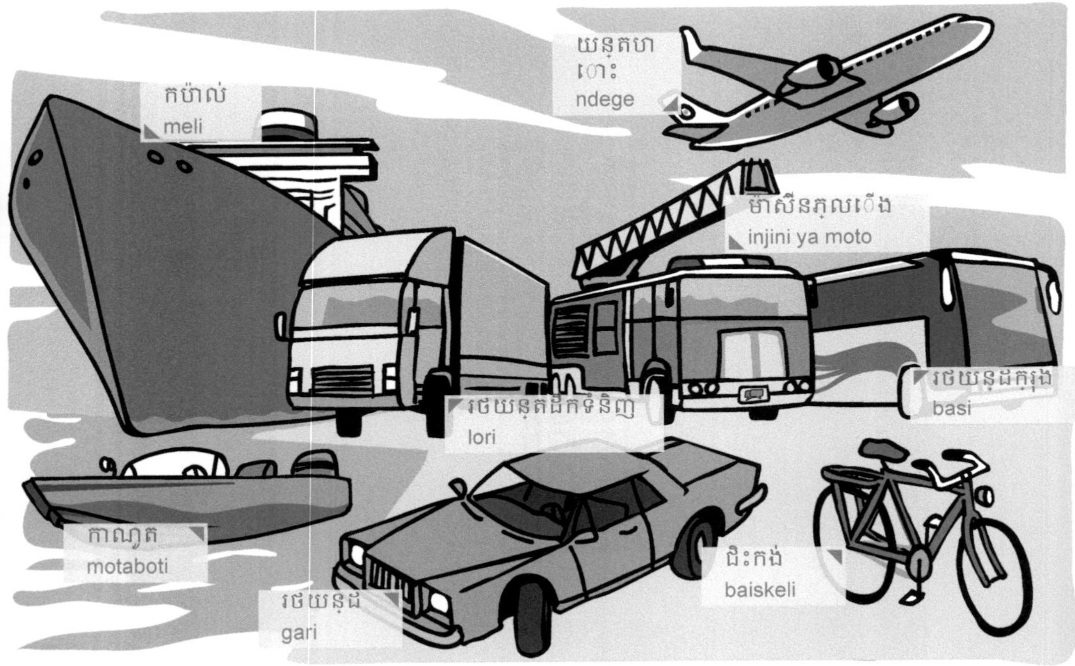

យន្តហោះ
ndege
កប៉ាល់
meli
ម៉ាស៊ីនភ្លើង
injini ya moto
រថយន្តដឹកទំនិញ
lori
រថយន្តក្រុង
basi
កាណូត
motaboti
ជិះកង់
baiskeli
រថយន្ដ
gari

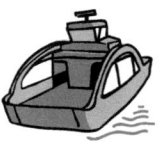

សាឡាង

feri

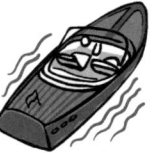

ទូក

mashua

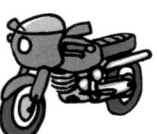

ម៉ូតូ

pikipiki

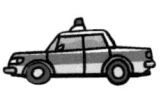

រថយន្តប៉ូលិស

gari la polisi

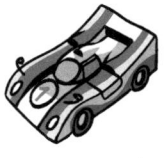

រថយន្តប្រណាំង

gari la mashindano

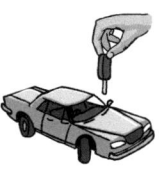

រថយន្តជួល

gari la kukodisha

ការចែវៃរៃលៃរៃរៃថយនុត

kushiriki gari

ឡ្យានស្ទួច

lori la kuvuta

ឡ្យានបុរម្មួលសំរាម

ukusanyaji taka

ម៉ូទ្ធ

motor

បុរៃងៃឝនុធន:

mafuta

ស្ថានីយបុរៃង

kituo cha mafuta

ស្លាកសញ្ញាចរាចរណ៍

ishara trafiki

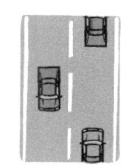

ការធ្វៃរៃរៀ ចរណ៍

trafiki

កកស្ទៈចរាចរណ៍

msongamano

ចំណត

maegesho

ស្ថានីយថៃភ្លៃរៃឆ្វឃ

kituo cha treni

ផ្លួរៃដៃកៃ

reli

រថៃភ្លៃរៃឆ្វឃ

garimoshi

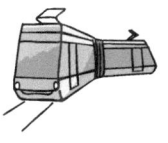

រៃថៃអគ្គិសនី

tremu

ទូរៃថៃភ្លៃរៃឆ្វឃ

gari la mizigo

ឧទ្ធម្ភាគចក្រ

helikopta

ពុលោនយន្តហោះ

uwanja wa ndege

ប៉ម

mnara

អ្នកដំណើរនាវា

abiria

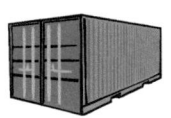

កុងតឺន័រ

chombo

ករដាសកាតុង

katoni

រទេះ

mkokoteni

កញ្ចប់

kikapu

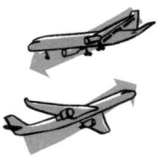

ហោះឡើង / ចុះ

ondoka

ទីក្រុង

jiji

ភូមិ

kijiji

កណ្ដាលទីក្រុង

katikati ya jiji

ផ្ទះ

nyumba

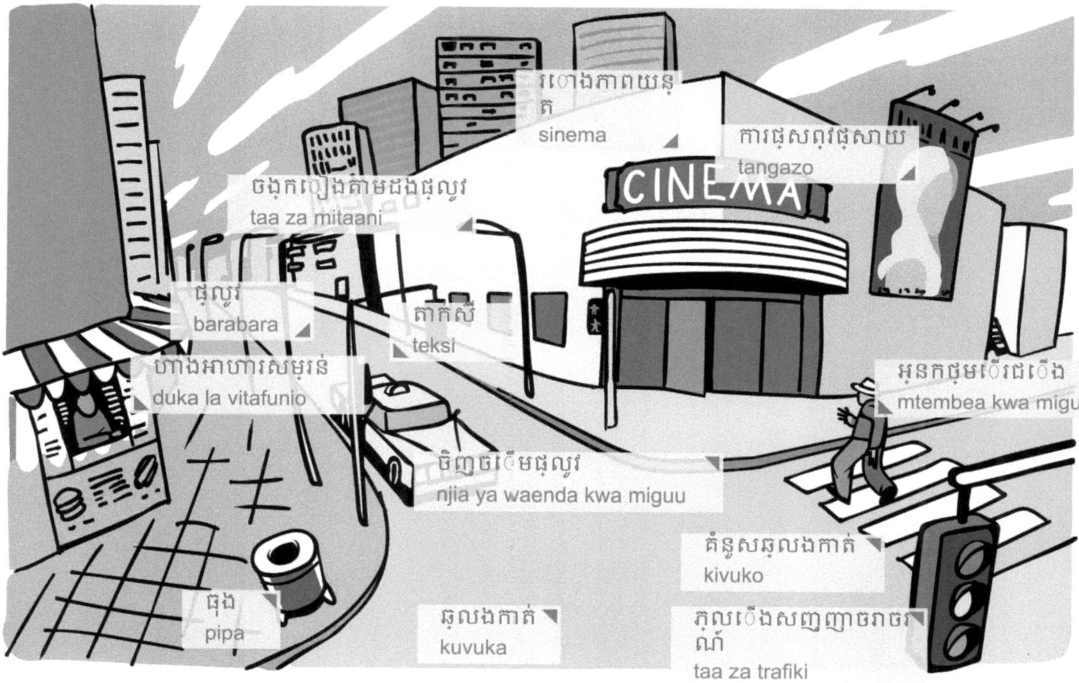

រោងភាពយន្ត
sinema

ការផ្សព្វផ្សាយ
tangazo

ចង្កៀងតាមដងផ្លូវ
taa za mitaani

CINEMA

ផ្លូវ
barabara

តាក់ស៊ី
teksi

ហាងអាហារសម្រន់
duka la vitafunio

អ្នកធ្មើរជើងរេជើង
mtembea kwa migu

ចិញ្ចើមផ្លូវ
njia ya waenda kwa miguu

គំនូសផ្លូងកាត់
kivuko

ផុង
pipa

ផ្លូងកាត់
kuvuka

ភ្លើងសញ្ញាចរាចរ
ណ៍
taa za trafiki

ខ្ទម
kibanda

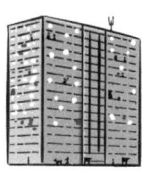

ផុទៈល្វែង
gorofa

ស្ថានីយរថភ្លុលេ្ឃង
kituo cha treni

សាលាក្រុង
ukumbi wa mji

សារមន្ទុទីរ
Makavazi

សាលារេ្ៀន
shule

សាកលវិទ្យាល័យ

chuo kikuu

ធនាគារ

benki

មន្ទីរពេទ្យ

hospitali

សណ្ឋាគារ

hoteli

ឱសថស្ថាន

duka la dawa

ការិយាល័យ

ofisi

ហាងលក់សៀវភៅ

duka la kitabu

ហាង

duka

ហាងផ្កា

duka la maua

ផ្សារទំនើបថ្មី

dukakuu

ទីផ្សារ

soko

ហាងទំនិញ

idara ya kuhifadhi

ហាងលក់ត្រី

mwuza samaki

មជ្ឈមណ្ឌលផ្សារទំនើប

kituo cha ununuzi

កំពង់ផែ

bandari

ឧទ្យាន

Hifadhi

បង្គុំ

benki

ស្ពាន

daraja

ជណ្តើរឡើរ

vidato

ផ្លូវក្រោមដី

chini ya ardhi

ផ្លូវរូងក្រោមដី

handaki

ចំណតរថយន្តដុងក្រុង

kituo cha mabasi

បារ

bar

ភោជនីយដ្ឋាន

mgahawa

ប្រអប់សំបុត្រ

sanduku la posta

សញ្ញាតាមដងផ្លូវ

ishara ya barabara

ឧបករណ៍បូម្មលចូលចំណត

mita ya maegesho

សួនសត្វ

bustani ya wanyama

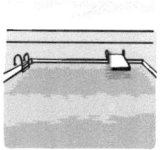

អាងហាលែទឹក

kidimbwi cha kuogelea

វិហារអ៊ីស្លាម

msikiti

កសិដ្ឋហាន

shamba

ការបំពុល

uchafuzi

វាលកប់ខ្មមពោច

makaburini

ពុរវិហារ

kanisa

គុររឿងវំអិលក្មមវេលវេង

uwanja wa michezo

បុរសាទ

hekalu

ទេសភាព

mazingira

ស្លឹក
jani

សញ្ញាបុរាប់ទិសដវៅ
ishara ya mwelekeo

ផ្លូវ
njia

វាលស្មមពៅ
malisho

ដុំថ្ម
jiwe

ដេវ៉ើមឈើ
mti

អ្នកឆ្ក្រេងភ្នំ
mtembeaji wa masafa

ទន្លេ
mto

ស្មៅពៅ
nyasi

ផ្កា
ua

ជ្រលងភ្នំ

bonde

ក្បូនភ្នំ

kilima

បឹង

ziwa

ព្រៃឈើ

msitu

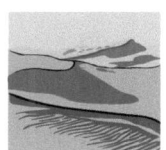

វាលខ្សាច់

jangwa

ភ្នំភ្លើង

volkano

តហោកុប្បី

ngome

ឥន្ទនូ

upinde wa mvua

ផ្សិត

uyoga

ដើមត្នោត

mtende

មូស

mbu

រុយ

kuruka

ស្រមោច

chungu

សត្វឃ្មុំ

nyuki

ពីងពាង

buibui

ទេសភាព - mazingira

15

សត្វកកេញចៃ

mende

កង្កែកបៃ

chura

កំប៉ុរក

kuchakuro

សត្វកាំបុរមា

nungunungu

ទន្សាយសុលីក

sungura

សត្វទីទុយ

bundi

បក្សី

ndege

ហាង្ស

swan

ជ្រូក

nguruwe mwitu

សត្វក្តាន់

kulungu

សត្វក្ដាន់

aina ya kongoni

ទំនប់

bwawa

កង្ហារខ្យល់

tabo ya upepo

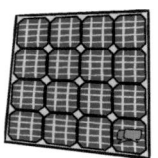

បន្ទះស្វ័យ្គា

nishaji ya jua

អាកាសធាតុ

hali ya hewa

អុនករតគុ
mhudumu

ម៉ឺនុយ
menyu

កៅអី
kiti

ស៊ុប
supu

ភីហុសា
piza

កម្រាលតុ
kitambaa cha mezani

កាំបិត
vilia

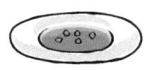

អាហារសម្រន់
kiamsha hamu

អាហារសំ ២ន់
kozi kuɹ

បង្អែម
kitindamlo

ភេសជ្ជៈ
vinywaji

អាហារ
chakula

ដប
chupa

អាហារឥហាស

chakula cha haraka

អាហារតាមផ្លូវ

Streetfood

ប៉ាន់តវ

buli

 បុរអប់សុករ

kisanduku cha sukari

ចំណាំក៉

sehemu

ម៉ាស៊ីនតុងកាហ្វរអ៉ិចសុព្វរស្វ

mashine ya espresso

កទៅអ៉ីខុពស់

kiti kirefu

វិកុកយបត្ុរ

muswada

ថាស

trei

កាំបិត

kisu

សម

uma

ស្ុលាបត្ុរ

kijiko

ស្ុលាបត្ុរកាហ្វរ

kijiko cha chai

កនុសងៃជួតខុល្ួន

nepi

កវ៉

glasi

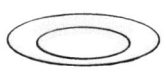

ចានទាប

sahani

ចានស៊ុប

sahani ya supu

ចានទូរនាប់

sufuria

ទឹកជ្រលក់

mchuzi

ដបអំបិល

kichanyaji chumvi

ប្ររដាប់កិនម្ររេច

kinu cha pilipili

ទឹកខ្មេះ

siki

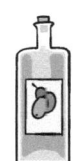

ប្ររ:ង

maf⌐ta

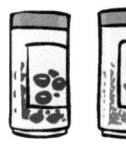

គ្ររឿងទេស

viungo

ទឹកប់ដេប់ោះ

kechapu

ម៉ូតាក

haradali

ទឹកមយ៉ោណរ

kachumbari nzito

ផ្សារទំនើប

dukakuu

ការផ្តល់ជូនពិសេស
ofa maalum
អតិថិជន
mteja
FOR
ទឹកដោះគោ
maziwa
ផ្លែឈើ
matunda
រទេះរុញ
toroli

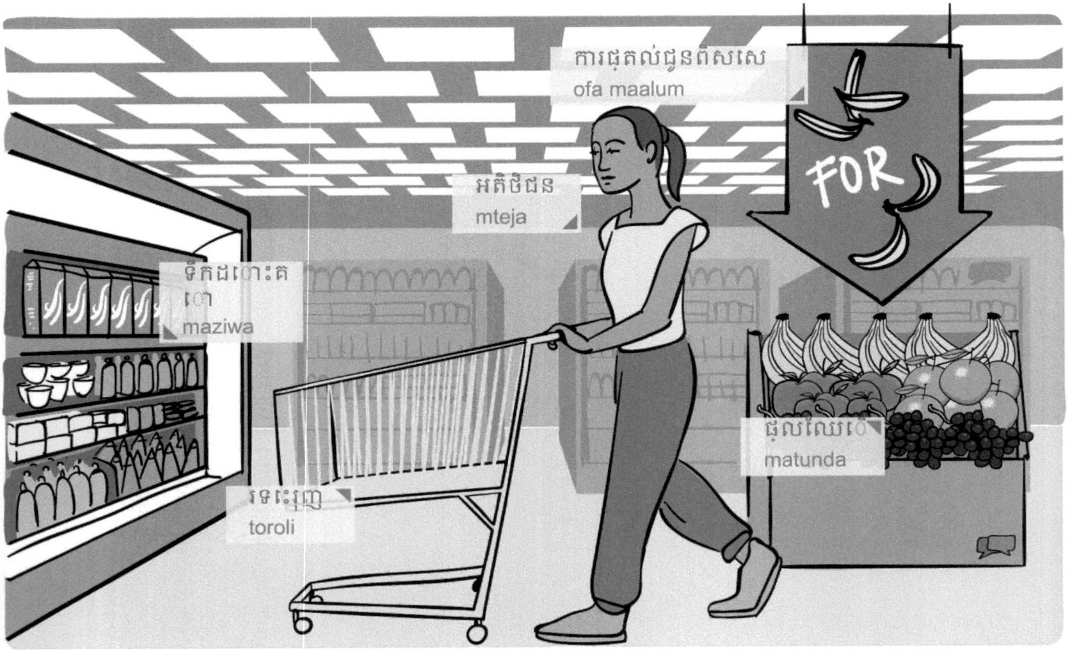

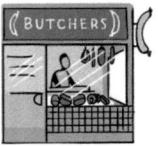

ហាងកាប់ជ្រូក

mchinjaji

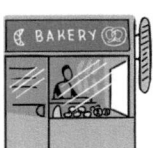

ហាងដុតនំ

mwokaji

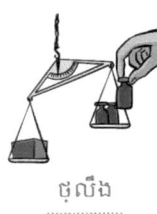

ថ្លឹង

uzito

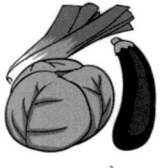

បន្លែ

mboga

សាច់

nyama

អាហារក្លាស្សេ

chakula waliohifadhiwa

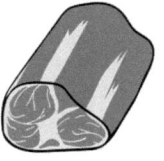

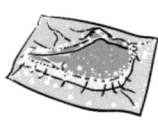

សាច់កុលាសរ

vipande vya nyama baridi

អាហារកំប៉ុង

chakula cha kopo

មុសលៅលាង

sabuni ya unga

សុអរគុរាប់

pipi

ផលិតផលកុនឯតួរសារ

bidhaa za kaya

ផលិតផលសមុអាត

bidhaa za kusafisha

អុនកលក់

mtu mauzo

ចតជាក់ហុយ

mpaka

បទ្បៀ

keshia

បញ្ជីទិញទំនិញ

orodha ya manunuzi

ម៍ហោងធុរៈ៍ការ

masaa ya ufunguzi

កាប្បបលុយបុរស

mkoba

កាតឥណទាន

kadi

ថង់

mfuko

ថង់បុលាសុទិច

mfuko wa plastiki

ទឹក

maji

ទឹកផ្លែឈើ

sharubati

ទឹកដោះគោ

maziwa

កូកាកូឡា

coke

ស្រា

mvinyo

ស្រាបៀរ

bia

គ្រឿងស្រវឹង

pombe

កាកាវ

kakao

តែ

chai

កាហ្វេ

kahawa

កាហ្វេអ៊ិចស្ព្រេស្សូ

spreso

កាហ្វេកាពូឈីណូ

kapuchino

ចេក

ndizi

ផ្លែប៉ោម

tufaha

ផ្លែក្រូច

machungwa

ឪឡឹក

tikiti

ក្រូចឆ្មា

lemon

ការ៉ុត

karoti

ខ្ទឹម

kitunguu saumu

ឫស្សី

miarzi

ខ្ទឹមបារាំង

kitunguu

ផ្សិត

uyoga

គ្រាប់ផ្លែឈើ

kararga

មី

nudo

មីអ៊ីតាលី

spageti

ហាយ

mpunga

សាឡ្បាត់

saladi

ដំឡូងចៀន

vibanzi

ដំឡូងចៀន

viazi vya kukaanga

ភីហ្សា

piza

ប៊ឺហ្គឺ

hambaga

សាំងវិច

sandwichi

សាច់ជាប់ឆ្អឹងជំនី

kipande

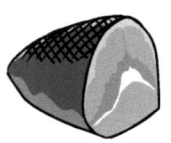

ហាំ

paja la mnyama

សាឡ្បាមី

salami

សាច់ក្រក

soseji

សាច់មាន់

kuku

អាំង

choma

ត្រី

samaki

អាវ៉ែនបបរ

oats ya uji

មុឃ្យសុ្លី

muesli

ដំឡូងចំណិត

cornflakes

មុសទៅ

unga

នំគ្រូសង់

kroisanti

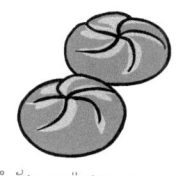

នំប៉ុងមុយ៉ាងមូលតូចៗ

andazi

នំប៉ុង

mkate

អាំង

mkate wa kɩbanika

នំប៊ីសុគី

biskuti

ប៊ីរ

siagi

ទឹកដោះខាប់

maziwa mgando

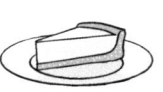

នំខេក

keki

ស៊ុត

yai

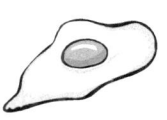

ស៊ុតចៀន

yai kukaanga

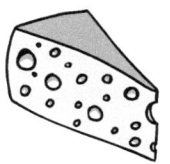

ឈីស

jibini

ការ៉េម

aiskrimu

ស្ករ

sukari

ទឹកឃ្មុំ

asali

ដំណាប់

jemu

ក្រូមែតាំងម៉ែ

kuenea kwa chokoleti

ការី

mchuzi wa viungo

ផ្ទះនុងកសិដ្ឋហាន
nyumba ya kilimo

ជំងូរុក
ghalani

ខ្សចែងចមុបឡើង
majani bale

វាលសូរវ
uwanja

សះ
farasi

រថលណ្ឌជ ពោង
trela

កូនសហោ
mtoto

តួកកទ័រ
trekta

សត្វលា
punda

កូនចរៀម
mwanakondoo

សត្វចរៀម
kondoo

ពពៃ

mbuzi

គហោញ

ng'ombe

កូនគហោ

ndama

ជូរុក

nguruwe

កូនជូរុក

mwananç̧uruwe

គហោឈុមហោល

fahali

សត្វក្ងុងាន

batabukini

ទា

bata

កូនមាន់

kifaranga

មមោន់

kuku

មាន់ឈ្មោល

jogoo

កណ្ដុរ

panya

ឆ្មា

paka

កណ្ដុរប្រមៈ

panya

គោឈ្មោល

ng'ombe

ឆ្កែ

mbwa

ផ្ទះឆ្កែ

nyumba ya mbwa

ទុយោទឹក

bomba la bustani

ធុងស្រោចទឹក

debe la kumwagilia maji

ខួរវែបក

fyekeo

នង្គ័ល

kulima

កណ្ដៅ‌ៀវ
mundu

ចបកាប់
jembe

រនាស់
uma wa nyasi

ពូចៅ‌ៅ
shoka

រទេះរុញ
torol

ស្នូក
kupitia nyimbo

កំប៉ុង‌ទឹកដោះ‌គោ
chombo cha maziwa

ហារ
gunia

របង
ua

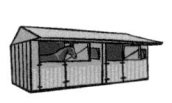

កុរ‌ោល
imara

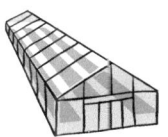

ផ្ទះ‌កញ្ចក់
chafu

ជី
udongo

គ្រាប់‌ពូជ
mbegu

ជី
mbolea

ម៉ា‌ស៊ីនបុរម្បូលផល
kivunaji

កសិដ្ឋាន - shamba

បុរមួលផល

mavuno

ការបុរមួលផល

mavuno

ដំឡូងជួរ

viazi vikuu

សុរុវសាលី

ngano

សណ្ដែកកេសៀ្ង

soya

ដំឡូងជួរ

viazi

ពពោត

mahindi

តុរាប់បុរងេំវ៉ៃប

rapa

ដេំមឈេំហ្គបផុលវៃ

mti wa matunda

ដំឡូងមី

muhogo

ចញ្ញជាតិ

nafaka

ផ្ទះ

nyumba

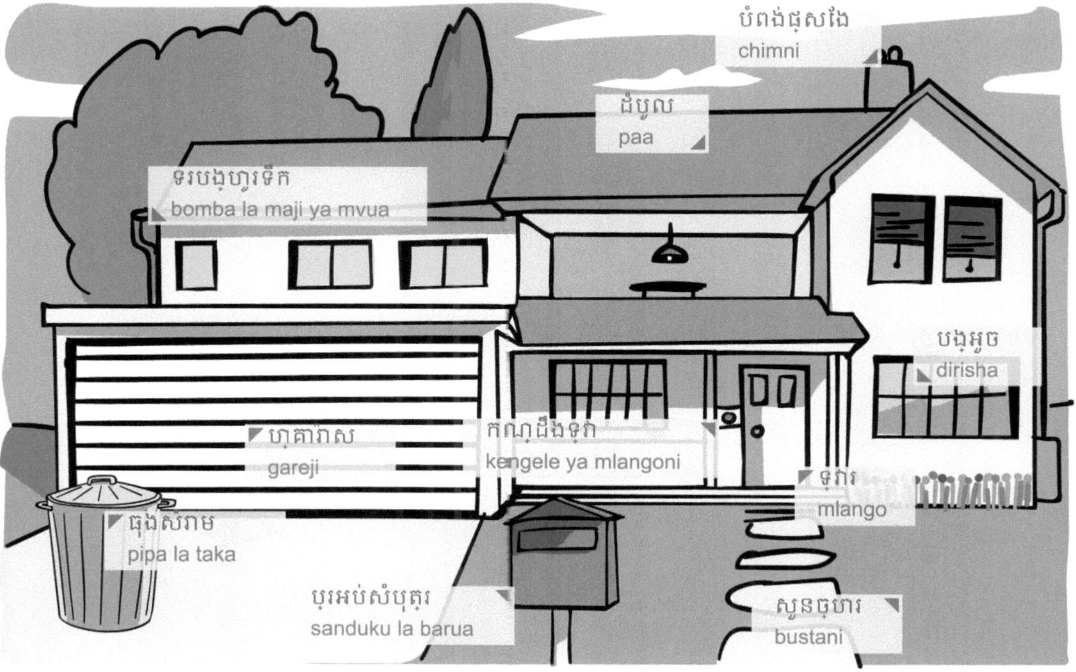

បំពង់ផ្សែង
chimni
ដំបូល
paa
ទុយោបង្ហូរទឹក
bomba la maji ya mvua
បង្អួច
dirisha
ហ្គារ៉ាស
gareji
កណ្ដឹងទ្វារ
kengele ya mlangoni
ទ្វារ
mlango
ធុងសំរាម
pipa la taka
ប្រអប់សំបុត្រ
sanduku la barua
សួនច្បារ
bustani

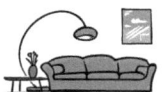

បន្ទប់ទទួលភ្ញៀវ

sebuleni

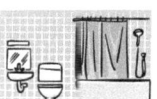

បន្ទប់ទឹក

bafu

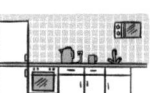

ផ្ទះបាយ

jikoni

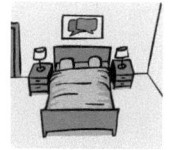

បន្ទប់គេង

chumba cha kulala

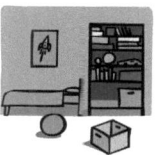

បន្ទប់របស់កុមារ

chumba ya mtoto

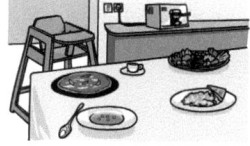

បន្ទប់ទទួលទានអាហារ

chumba cha kulia

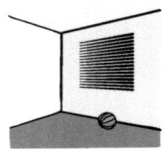

ជាន់

sakafu

ជញ្ជាំង

ukuta

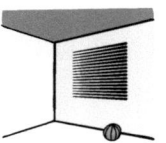

ពិដាន

dari

បន្ទប់ក្រោមដី

pishi

សូណា

sauna

យ៉ូរ

roshani

ផ្ទៃក្រៅបុស្មេរើនៅជម្រាលកន់

mtaro

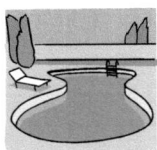

អាងហាលែទឹក

kidimbwi

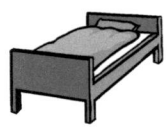

ម៉ាស៊ីនកាត់ស្មៅ

mashine ya kukata nyasi

សន្លឹក

karatasi

កម្រាលគ្របដែកេ

kitambaa cha kupamba
kitanda

គ្រែ

kitanda

អំបោស

ufagio

ធុង

ndoo

ចុងតាក់

kubadili

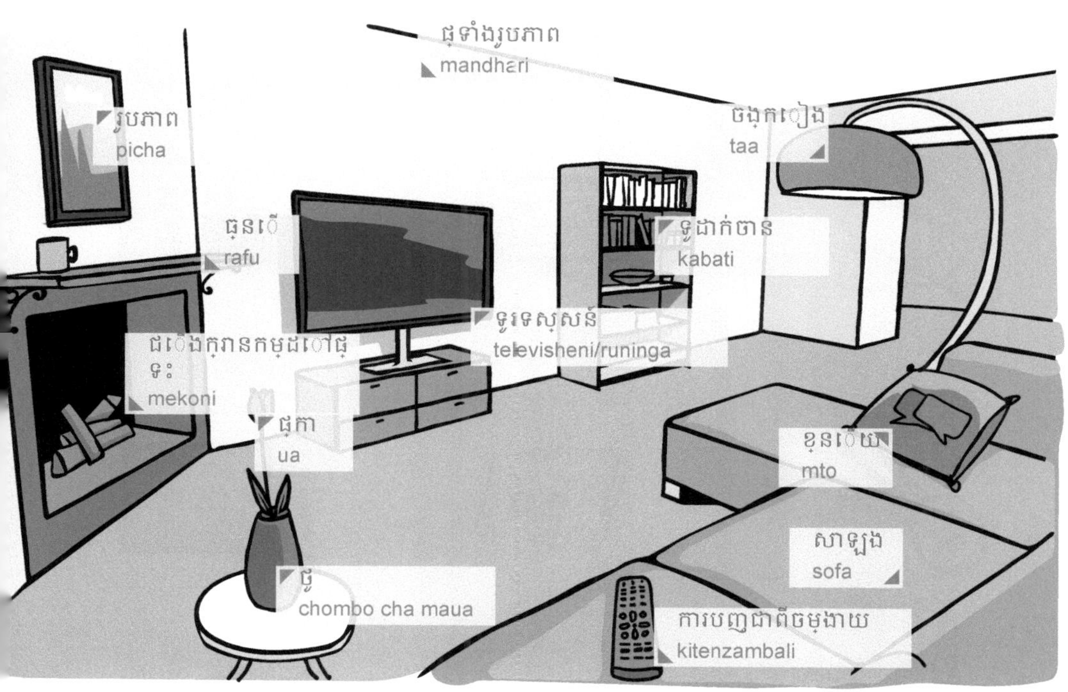

ផ្ទាំងរូបភាព
mandhari

រូបភាព
picha

ចង្កត់រៀង
taa

ធ្នើរេឿ
rafu

ទូដាក់ចាន
kabati

ជញ្ជាំងក្បានកម្ដៅផ្ទះ
ឧ
mekoni

ទូរទស្សន៍
televisheni/runinga

ផ្កា
ua

ខ្នើយ
mto

សាឡុង
sofa

ផ្កា
chombo cha maua

ការបញ្ជាពីចម្ងាយ
kitenzambali

កម្រាលព្រំ
zulia

វាំងនន
pazia

តុ
meza

កៅអី
kiti

កៅអីបោកយោល
kiti cha berbea

កៅអីភ្ជុនាក់ដៃ
armchair

សៀវភៅពៅ

kitabu

ភួយ

blanketi

ការតុបតែងផ្ទះ

mapambo

អុសដុត

kuni

ខុសវីភាពយន្ត

filamu

ឧបករណ៍ Hi-Fi

kifaa cha hi-fi

កូនសោ

ufunguo

កាសែត

gazeti

គំនូរ

uchoraji

ផ្ទាំងរូបភាព

bango

វិទ្យុ

redio

ណូតផតគេ

daftari

ម៉ាស៊ីនបូមធូលី

kifyonza

ដំបងឈយកុស

dungusi kakati

ទៀន

mshumaa

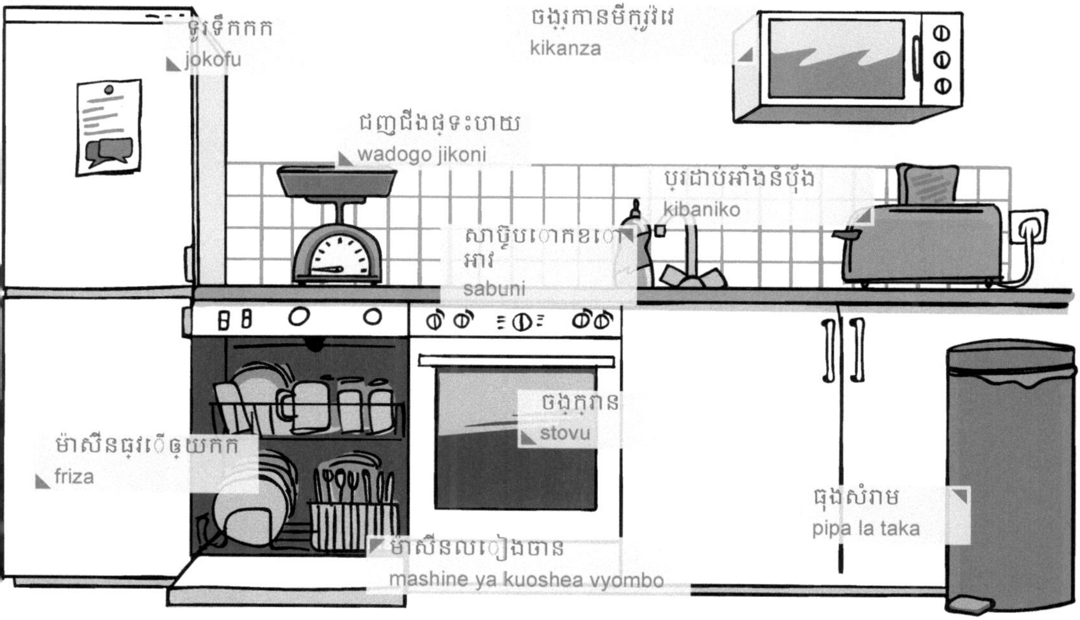

ទូទឹកកក
jokofu

ចង្ក្រានមីក្រូវែវ
kikanza

ជញ្ជីងផ្ទះទឹកបាយ
wadogo jikoni

បុរដោបអាំងនំបុ័ង
kibaniko

សាប៊ូបោកខោអាវ
sabuni

ម៉ាស៊ីនផ្ទះរើ៉ធុយកក
friza

ចង្ក្រាន
stovu

ធុងសំរាម
pipa la taka

ម៉ាស៊ីនលាងរៀងចាន
mashine ya kuoshea vyombo

ចង្ក្រាន

jiko la kupika

ឆ្នាំង

chungu

ឆ្នាំងដែក

sufuria ya chuma

ខ្ទះ / ខ្ទះពណ្ណខា

wok / kadai

ខ្ទះ

kaango

កំសៀវ

birika

ឆ្នាំងចំហុយ

stima

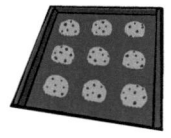

ថាសដុតនំ

sinia ya kuoka

គរៀងចានឆ្នាំងដី

vyombo vya udongo

ថ្វ

kombe

ចានតហេម

bakuli

ចង្កឹះ

vijiti vya kulia

វកែសមុល

ukawa

វកែកូរ

mwiko mpana

បុរដាប់វាយពុរឡ្បុក

burashi

តម្រង

kichujio

កន្ទុរង

chujio

បុរដាប់កោសដុង

mbuzi

ត្បាល់

chokaa

ការអាំងសាច់

barbeque

ចង្ក្រានចំហា

moto wazi

ជុរញ្ញ
ubao wa majaribio

បុរដោប់ក៏នមួរ
kijiti cha kusukuma unga

បុរដោប់មួរបេ៍កឆ្នុកសុរា
kizibuo

កំប៉ុង
kopo

បុរដោប់បេ៍កកំប៉ុង
inaweza kopo

កុរណាត់ទុរាប់ឆ្នាំង
kishikio cha chungu

កនុលងៃលាងចាន
karo

ជក់
brashi

អប៉ុង
sifongo

ម៉ាស៊ីនកុរឡ្បៀក
kisagaji matunda

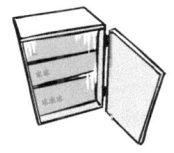

ទូរទឹកកកខ្លុនាត់ត្លូច
friji ya k na

ដបទឹកដរោះគរោ
chupa ya mtoto

រ៉ូបីណារ
bomba

កម្ដៅទៅ
joto

ផ្កាឈូក
mfereji wa kuogea

កន្សែងដៃ
taulo

រ៉ាំងននងទឹកទឹកផ្កាឈូក
pazia la kuogea

ការងូតទឹកពពុះ
maji ya kuoga yenye povu

អាងងូតទឹក
hodhi

កវ៉ៃ
glasi

ម៉ាស៊ីនបោកកក់
mashine ya kuosha

ក្មរឡ្យាក្មុបៀង
vigae

រ៉ូប៊ីណា
bomba

ចានបង្គន
poti

កន្សូលដែលាងចាន
karo

បង្គន់
choo

បង្គន់អង្គុយ
choo cha squat

ផបេងផមុvរៈកាយ
beseni la mviringo

កុលាទឹកនvោម
choo cha umma

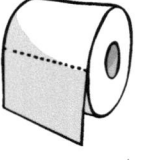

ក្មរដៅសបង្គន់
shashi

ច្រាសដុសបង្គន់ន
brashi ya choo

ច្រាសដុសធ្មេញ

mswaki

ថ្នាំដុសធ្មេញ

dawa ya meno

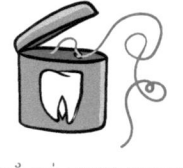

ខ្សែទោក់សម្អាតធ្មេញ

dawa ya meno

លាង

safisha

បូរដោប់ដាក់ដៃផ្កាឈូក

kuoga mkono

ទឹកថ្នាំសម្រាប់ហាញ់លាង

msukumo wa maji

អាង

bonde

ច្រាសដុសខ្នង

mpako wa pili

សាប៊ូ

sabuni

ជែលសម្រាប់ងូតទឹកផុកាឈូ

jeli ya kuogea

សាប៊ូ

shampuu

សកុលាត

flana

បំពង់បង្ហូរទឹក

toa maji

ក្រែម

krimu

ថ្នាំបំបាត់ក្លិនអាក្រក់

kiondoa harufu

កញ្ចក់

kioo

កញ្ចក់ដៃ

kioo mkono

បុរដោប់កពោរ

kinyozi

ហ្វូមកពោរពុកមាត់

povu la kunyoa

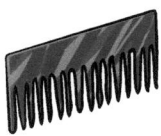

ទឹកលាងក្រពោយកពោរពុកម
ាត់រួច

baada yå kunyoa

កូរស

kichana

ជក់

brashi

បុរដោប់សមុង្គតសក់

kikausha nywele

សុពុរាយហាញ់សក់

marashi ya nyewele

ការតុបតែងមុខ

vipodozi

កូរមែលាបមាត់

kidomwa

ថ្នាំលាបកូរចក

varnish ya msumari

រពោមកបុហាស

pamba

កន្ត្រៃកោត់កូរចក

mkasi wa kucha

ទឹកអប់

manukato

កាបូបបពោកឥតកំ

mkoba wa kuosha

លាមក

kinyesi

ជញ្ជីងចូលលឹងទមុងន់

mizani

អាវពោក់ងូតទឹក

nguo ya kuoga

ស្ររោមដៃកៅស៊ូ

glavu za mpira

ឆ្នុក

kisodo

កន្សែងអនាម័យ

sodo

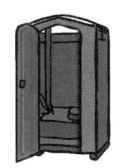

បង្គន់គីមី

kemikali choo

បន្ទប់របស់កុមារ
chumba ya mtoto

នាឡិការោទ៍
saa ya kengele
ប្រដាប់ក្មេងអោបលេង
kidoli cha kupakata
រថយន្តក្មេងលេង
gari bandia
ប្រដាប់អង្រន់លេង
kelele
ផ្ទះកូនក្រមុំជ័រ
chumba cha midoli
អំណោយ
sasa

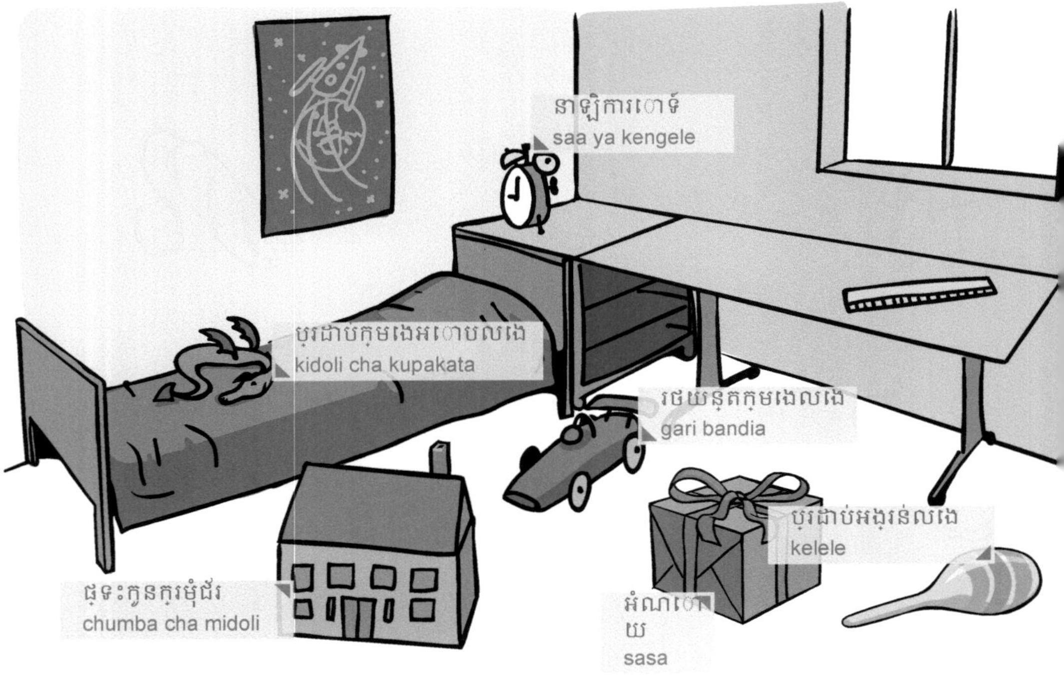

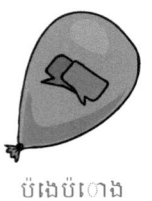

ប៉េងប៉ោង

baluni

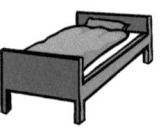

គ្រែ

kitanda

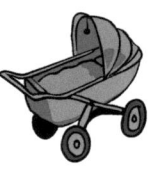

រទេះរុញទារក

mashua

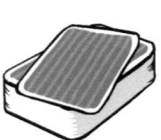

ហ៊ិបបៀ

staha ya kadi

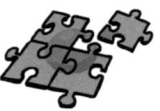

រូបផ្គុំ

mchezo-fumb

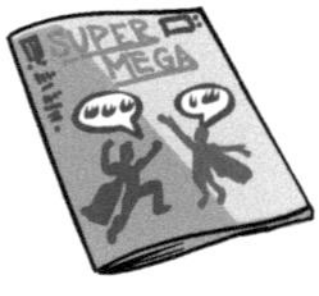

កំប្លែង

vichekesho

ឥដ្ឋ Lego

matofali lego

បុលុកបុរដោប់កុមដែលដែង

vitalu mwigo

គូលខេសកម្មភាព

hatua takwimu

ឧពោអាវទារក

suti ya kulalia

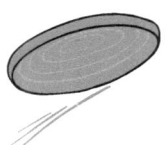

ការគប់ចាស

kisahani

ទូរស័ព្ទដៃ

simu

កុតារលេបងដែ

ubao wa michezo

គ្រាប់ឡូកឡាក់

kɔte

ឈុតរថភ្លល៏ងគំរូ

garimoshi mwigo

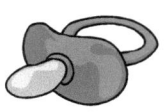

រូបសំណាក

dummy

គណបកុស

chɔma

សរៀវភៅរូបភាព

picha kitabu

ហាល់

mpira

កូនកុម្មុំតុកុកតា

kikaragosi

លងដ

kucheza

រណ្ដៅពៅខ្សាច់

shimo la mchanga

ទទេង

bembea

បុរដាប់កុមេងលេង

vitu bandia

កុងស៊ូលវីដេអូហ្គេម

kiweko cha video ya mchezo

គ្រីចក្ររយានយន្ត

baiskeli ya magurudumu

តុក្កតាខ្លាយមុំ

mwanasesere

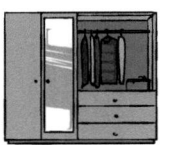

matatu

ទូខោអាវ

kabati

សុរពោមជេីង

soksi

សុរពោមជេីងវែង

stokingi

ខោទុរនោប់នារី

kibano

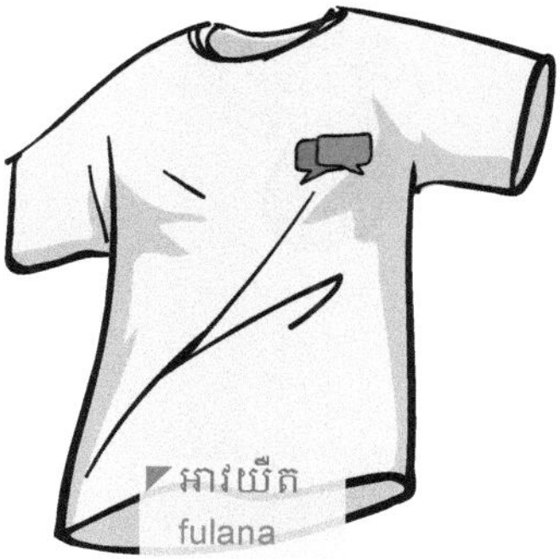

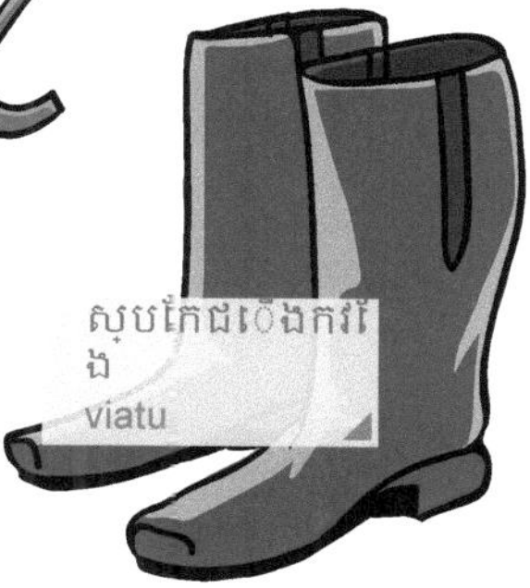

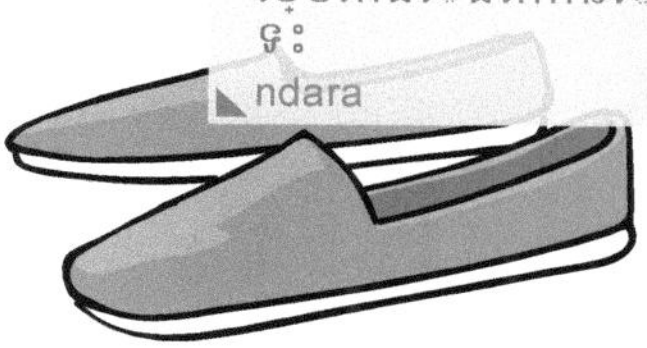

ក្រម៉ា
skafu

ខ្សែក្រវាត់
ukanda

ឆត្រ
mwavuli

អាវយឺត
fulana

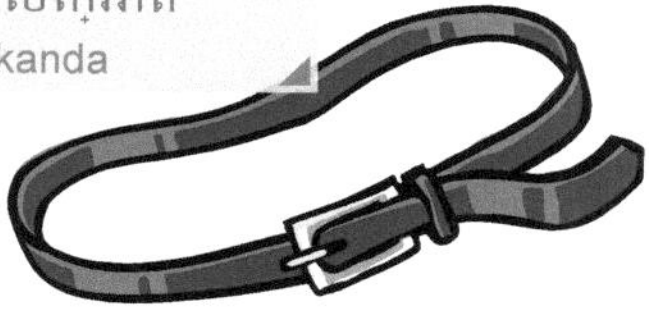

ស្បែកជើងកវែង
viatu

ស្បែកជើងប៉ាតា
wakufunzi

ស្បែកជើងពាក់នៅ
ទះ
ndara

ស្បែកជើងសង្រែក

malapa

ស្បែកជើង

viatu

ស្បែកជើងកវែងកៅស៊ូ

mabuti ya mpira

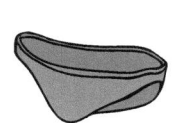

ខោទ្រនាប់បុរស

suruali ya ndani

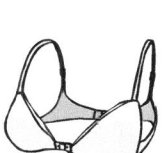

អាវទ្រនាប់

sidiria

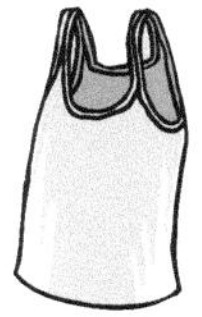

អាវកាក់

fulana

រាងកាយ

mwili

ខោវែង

suruali

ខោខ្លីបិយ

dangirizi

សំពត់

sketi

អាវកុររៅ

blauzi

អាវ

shati

អាវយឺត

vuta

អាវយឺត

sweta

អាវធំ

bleza

អាវកុររៅ

jaketi

អាវធំ

koti

អាវកុឡ្យរៀង

koti la mvua

គុររៀងតវែង

maleba

អាវរវែង

gauni

សំលរៀៀកបំពាក់អាពាហ៍ពិព
ហ៍

mavazi ya harusi

ខោអាវឈុត

suti

រូបរាគ្រី

vazi la usiku

ឈុតគង

pajama

សារី

sari

កន្សែងដងជូតកុបាល

skafu

ផ្នួត

kilemba

សុបម៉ៃខ

burka

kaftan

kaftan

abaya

abaya

ឈុតហាលែទឹក

vazi la kuogelea

ខោខលី

vazi la kiume la kuogelea

ខោខលី

kaptura

ឈុតហាត់កីឡា

teitei

អាវអៀម

aproni

សុរោមដៃ

glavu

ឆ្យូវអរ

kifungo

វ៉ែនតា

glasi

ខ្សដៃ

bangili

ខ្សកែ

mkufu

ចិញ្ចៀន

pete

កុរវិល

herini

មួក

kofia

បុរដាប់ពួយអោរកុររៅ

kiango cha koti

មួក

kofia

កុរវាត់ក

tai

រូត

zipu

មួកសុវត្ថិភាព

kofia

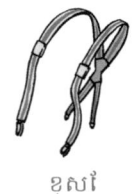

ខ្សវៃ

kanda za suruali

ឯកសណ្ឋានសាលា

sare za shule

ឯកសណ្ឋាន

sare

អ្រេ្ីមទារក

bibu

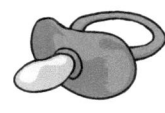

រូបសំណាក

dummy

ខ្ពេទីកនរោម

nepi

ការិយាល័យ

ofisi

ទូ្ងកសារ
kabati la kuweka faili

ម៉ាស៊ីនមេ
seva

ម៉ាស៊ីនបេះពុម្ព
kichapishaji

កុ្រដាស
karatasi

ម៉ូនីទ័រ
kiwambo

តុការិយាល័យ
dawati

កណ្ដុរ
kipanya

ស៊ម៉
folda

ក្តារចុច
kibodi

រកដាក់សំរាមកុ្រដាស
u cha kuweka karatasi chafu

កុំព្យូទ័រ
kompyuta

កពៅ៏
kiti

កវែកាហ្វ
kmobe la kahawa

ម៉ាស៊ីនគិតលេខ
kikokotoɔ

អ៊ីនធឺណិត
biashara

កុំព្យូទ័រយួរដៃ

mbali

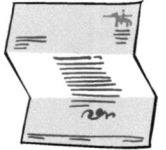

លិខិត

barua

សារ

ujumbe

ទូរស័ព្ទដៃ

rununu

បណ្ដាញ

intaneti

ម៉ាស៊ីនថតចម្លង

fotokopia

សូហ្វវែរ

programu

ទូរស័ព្ទ

simu

នុជធជោត

soketi

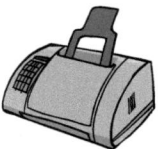

ម៉ាស៊ីនទូរសារ

kipepesi

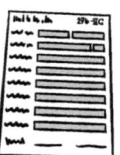

ទម្រង់បែបបទ

fomu

ឯកសារ

hati

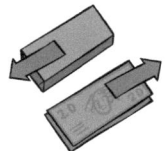

ទិញ

kununua

បង់ប្រាក់

kulipa

ធុរេជ្ជនូញ

biashara

លុយ

fedha

ប្រាក់ដុល្លារ

dola

ប្រាក់អឺរ៉ូ

yuro

ប្រាក់យ៉េន

yeni

ប្រាក់រ៉ូបិល

rouble

ហ្វ្រង់ស្វីស

faranga ya Uswisi

ប្រាក់យ៉ន

renminbi yuan

ប្រាក់រូពី

rupia

កន្លែងដែលបុរេពីសាច់ប្រាក់

eneo la kulipia

ការិយាល័យបុត្តូរបុរាក់

ofisi ya ubadilishanaji

មាស

dhahabu

ប្រាក់

fedha

ប្រេង

mafuta

ថាមពល

nishati

តម្លៃ

bei

កិច្ចសនុយា

mkataba

ពន្ធ

kodi

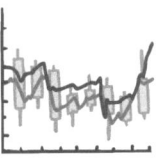

ភាគហ៊ុន

bidhaa

ធុរេកិការ

kazi

បុត្តុតលិក

mfanyakazi

និយោជក

mwajiri

រោងចក្រ

kiwanda

ហាង

duka

មនុ្ុ្ុរប៉ូលិស
afisa wa polisi

អ្នកពន្លត់អគ្គិភ័យ
mzimamoto

ចុងភៅ
mpishi

វេជ្ជបណ្ឌិត
daktari

អ្នកបើកយន្តហោះ
rubani

អ្នកថែស្វែន

mtunza bustani

ជាងឈេី

serema a

ជាងកាត់ដេរ

mshonaji

ចៅក្រម

hakimu

គីមីវិទ្ទ

mwanakemia

គូគុន

muigizaji

អ្នកបើកឡានក្រុង

dereva wa basi

អ្នកបើកតាក់ស៊ី

dereva wa teksi

ម្វុវិ

mvuvi

សុត្រីអ្នកសមុអាត

mwanamke wa kusafisha

ជាងដំបូល

mwezekaji

អ្នករត់តុ

mhudumu

អ្នកបរបាញ់សត្វ

mwindaji

វិចិត្រករ

mchoraji

អ្នកដុតនំ

mwokaji

ជាងអគ្គីសនី

umeme

ជាងសំណង់

mjenzi

វិស្វករ

mhandisi

អ្នកកាប់សាច់

mchinjaji

ជាងជួសជុលទុយោទឹក

fundi bomba

អ្នករត់សំបុត្រ

mwanaposta

ទាហាន

mwanajeshi

សុថាបត្យករ

msanifu majengo

បង្គោ

keshia

អ្នកលក់ផ្កា

muuza maua

អ្នកភ័ត្តសក់

msusi

អ្នកយកលុយ

kondakta

ជាងម៉ាស៊ីន

mekanika

កាពីទ្វៃ

nahcdha

ពទ្យេធម្មេញ

daktari wa meno

អ្នកវិទ្យាសាសុត្រ

mwanasayansi

គ្រូបង្រៀនចបាប់សញ្ញជាតិជីហារវ

rabɔi

លោកសង្ឃយចាម

imamu

ព្រះសង្ឃយ

mtawa

បពុជើត

kasisi

ឧបករណ៍

zana

ញញួរ
nyundo
ដង្កាប់
koleo
ទួណឺវីស
bisibisi
ម៉ាឡេត
spana
ពិល
kurunzi

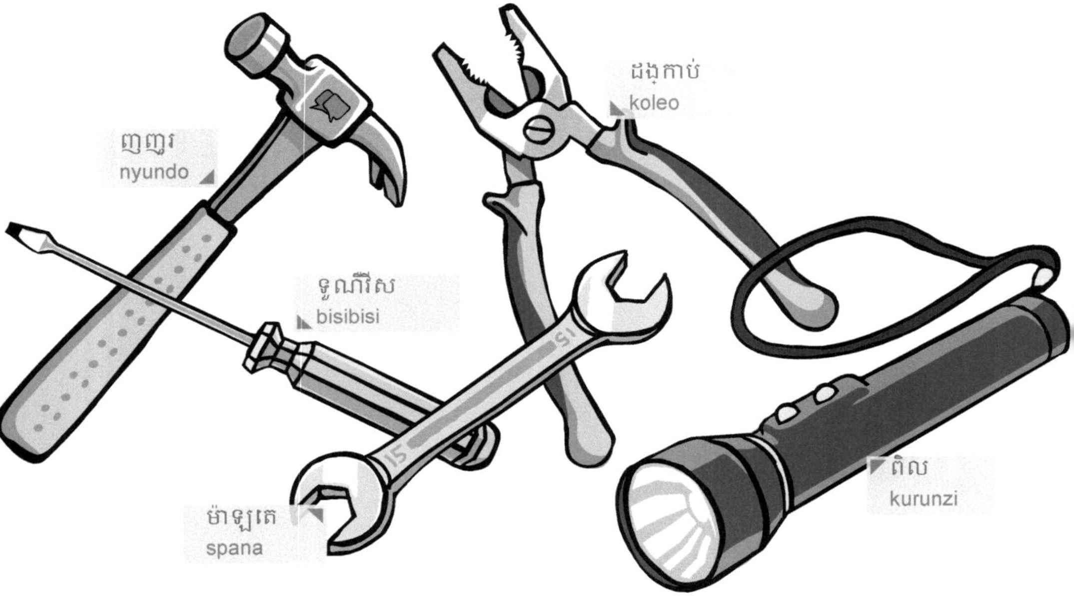

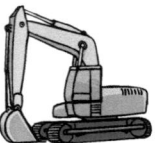

ម៉ាស៊ីនជីក

mchimbaji

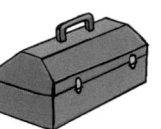

ប្រអប់ឧបករណ៍

sanduku la vifaa

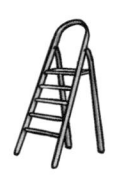

ជណ្តើរ

ngazi

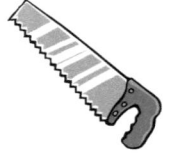

រណារ

msumeno

ដែកគោល

misumari

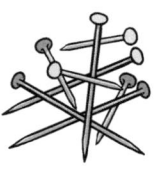

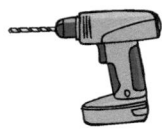

ប្រដាប់ស្វាន

kuchimba visima

ជួសជុល

kukarabati

ប៉ែល

sepetu

ចង្អុរ!

Lo!

បុរដោបច្ចកធូលី

kishikio cha uchafu

ធុងថ្នាំពណ៌

chungu cha rangi

វីស

skurubu

ឧបករណ៍តន្ត្រី
ala za muziki

ឧបករណ៍បំពងសំឡេង
spika

ឈុតស្គរ
mpangilio wa ngoma

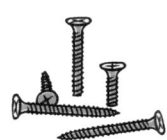

ហ្គីតា
gita

▼ បាសពីរ
besi mara mbili

ត្រែ
tarumbeta

ពុយាណូ

piano

វីយូឡុង

fidla

ហាស

ubeji

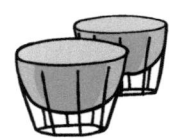

ស៊ុតរពោសស៊ុបកែមុយ៉ាង

timpani

ស៊ុតរ

ngoma

យឺបត

kibodi

សាក់ស៊ូហ្វូន

saksafoni

ខុលុយ

filimbi

មឺក្រូហ្វូន

maikrofoni

សួនសត្វ

bustani ya wanyama

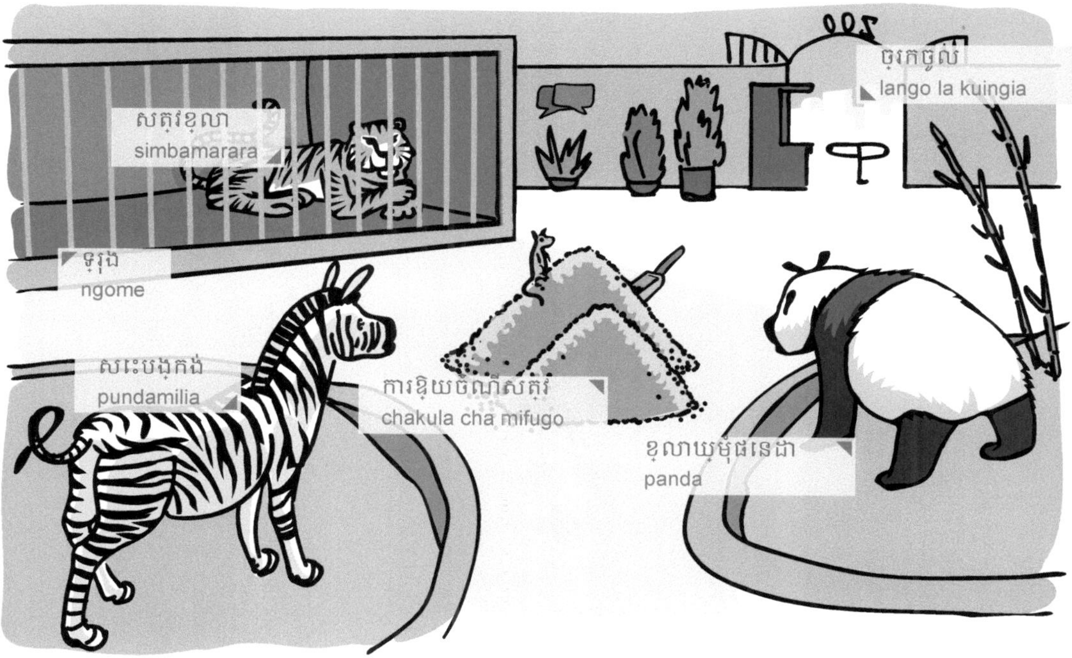
ច្រកចូល
lango la kuingia
សត្វខ្លា
simbamarara
ទ្រុង
ngome
សេះបង្កង់
pundamilia
ការឱ្យចំណីសត្វ
chakula cha mifugo
ខ្លាឃ្មុំផេនដា
panda

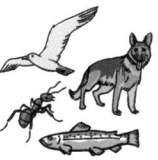

សត្វ
....
wanyama

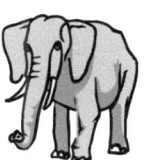

សត្វដំរី
....
tembo

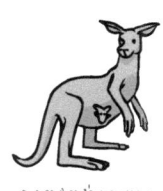

សត្វកង់ហ្គារូ
....
kangaruu

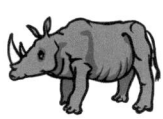

សត្វរមាស
....
kifaru

សត្វស្វាហ្គ័រីឡា
....
sokwe

ខ្លាឃ្មុំពណ៌ត្នោត
....
dubu

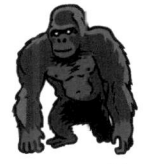

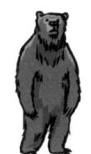

សត្វអូដ្ឋ

ngamia

សត្វអូទ្រុីស

mbuni

សត្វតោ

simba

ស្វា

tumbili

សត្វកុររឿល

heroe

សកែ

kasuku

ខ្លាឃ្មុំតំបន់ប៉ូល

dubu

ជនេយ្យវីន

penguini

ត្រីឆ្លាម

papa

ក្ងោក

tausi

សត្វពស់

nyoka

កុរពើ

mamba

អ្នករក្សាសួនសត្វ

mtunza wanyama

ឆ្មាទឹក

muhuri

ខ្លារខិនមួយយ៉ាង

jaguar

ក្មួនសេះ
mwanafarasi

ខ្លាខ្ញុំន
chui

សត្វដើរទឹក
kiboko

សត្វកវ៉ៃ
twiga

ពន្ទូវ៌
tai

ជ្រូក
nguruwe mwitu

ត្រី
samaki

អណ្ដើក
kobe

លេហមមច្ចា
sili

កញ្ជ្រោង
mbweha

ក្ដាន់
paa

កីឡាហាល់ទាត់អាមេរិក
soka ya marekani

ការបុរណរាំងកង់
uendeshaji baiskeli

កីឡាថេនិស
tenisi

កីឡាហាល់បចោះ
mpira wa kikapu

កីឡាហាលែទីក
kuogelea

កីឡាបុរដាល
ndondi

កីឡារាយក្កនហាល់លេើទឹកកក
magongo ya barafuni

កីឡាហាល់ទាត់
soka

កីឡារាយសី
vinyoya

អត្តពលកម្ម
riadha

កីឡាហាល់កាន់
mpira wa mikono

ការជិះស្គី
skii

ប៉ូឡូ
polo

សកម្មភាពនានា
shughuli

សើច
cheka
លោត
kuruka
ឱប
kumbatia
ដើរ
kutembea
ច្រៀង
kuimba
សុបិន្ត
ota ndoto
អធិស្ឋាន
kuomba
ថើប
busu

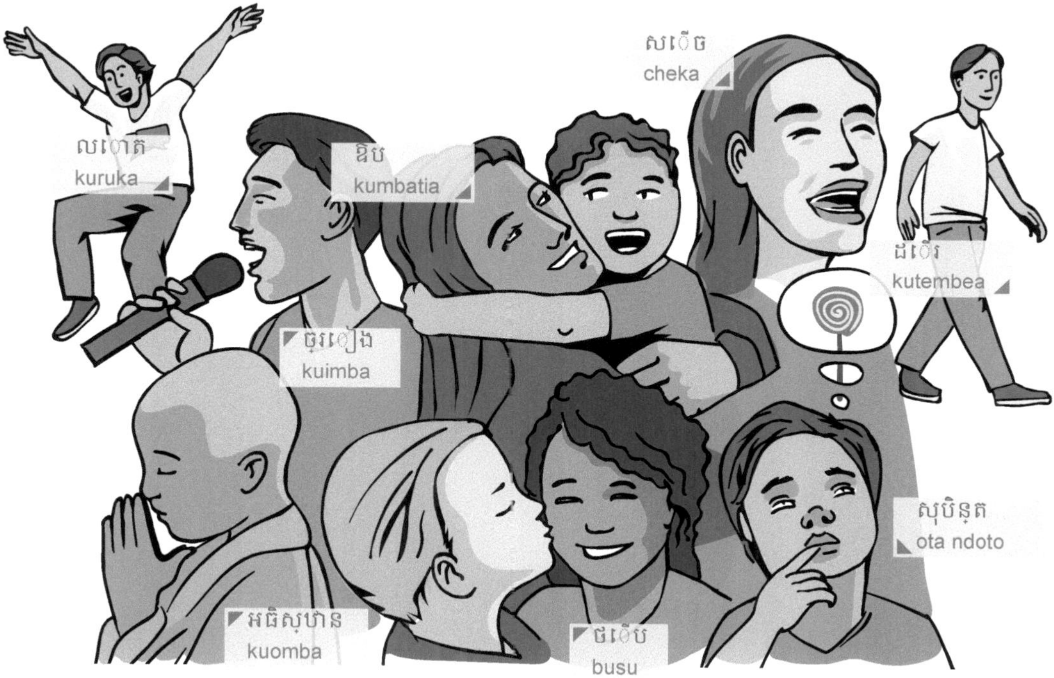

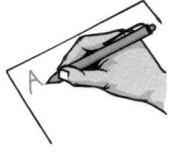

សរសេរ
kuandika

គូរ
kute<a

បង្ហាញ
angalia

រុញ
sukuma

ឲ្យ
kutoa

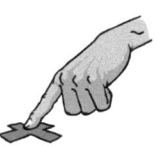

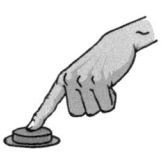

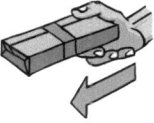

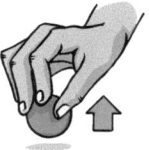

យក
kuchukua

មាន

kuwa

ធ្វើវេ

fanya

គឺ

kuwa

ឈរ

kusimama

រត់

kukimbia

ទាញ

vuta

បេាះ

kutupa

ធ្លាក់

kuanguka

កុហាក

hadaa

រង់ចាំ

kusubiri

យួរ

kubeba

អង្គុយ

kukaa

សួលៀកពាក់

vaa nguo

ដេក

usingizi

ភ្ញាក់ឡ្បើង

kuamka

មើល

kuangalia

យំ

lia

គូសវាស

kiharusi

សិតសក់

chana nywele

និយាយ

ongea

យល់

kuelewa

សួរ

kuuliza

ស្ដាប់

kusikiliza

ផឹក

kunywa

បរិភោគ

kula

សម្អាត

nadhifis٦a

សុលោញ់

upendo

ចម្អិន

mpishi

បើកបរ

gari

ហោះ

kuruka

ចរកទូក

meli

គណនា

kokotoa

អាន

kusoma

រៀន

kujifunza

ធ្វើការ

kazi

រៀបការ

kuoa

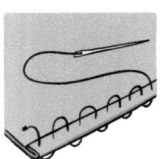

ដេរ

kushona

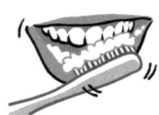

ដុសធ្មេញ

piga mswaki

សម្លាប់

kuua

ជក់

moshi

ផ្ញើរលើ

kutuma

ក្រុមគ្រួសារ

familia

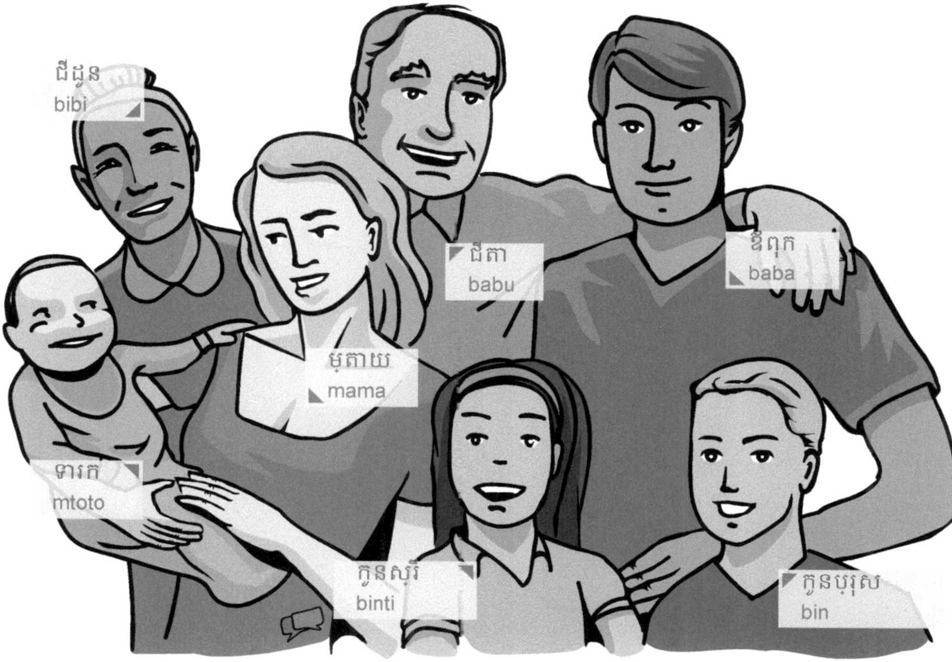

ជីដូន
bibi
ជីតា
babu
ឪពុក
baba
ម្តាយ
mama
ទារក
mtoto
កូនស្រី
binti
កូនប្រុស
bin

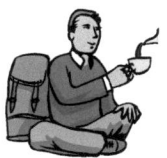

ភ្ញៀវ

mgeni

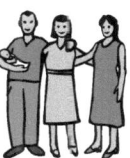

មីង

shangazi

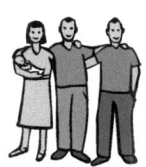

ពូ

mjomba

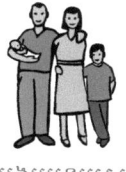

បងប្អូនប្រុស

kaka

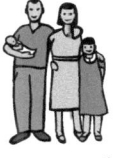

បងប្អូនស្រី

dada

រាងកាយ

mwili

ថ្ងាស
paji la uso
ភ្នែក
jicho
មុខ
uso
ចង្កា
kidevu
ស្មា
bega
ម្រាមដៃ
kidole
ដៃ
mkono
សុដន់
matiti
ដៃ
mkono
ជើង
mguu

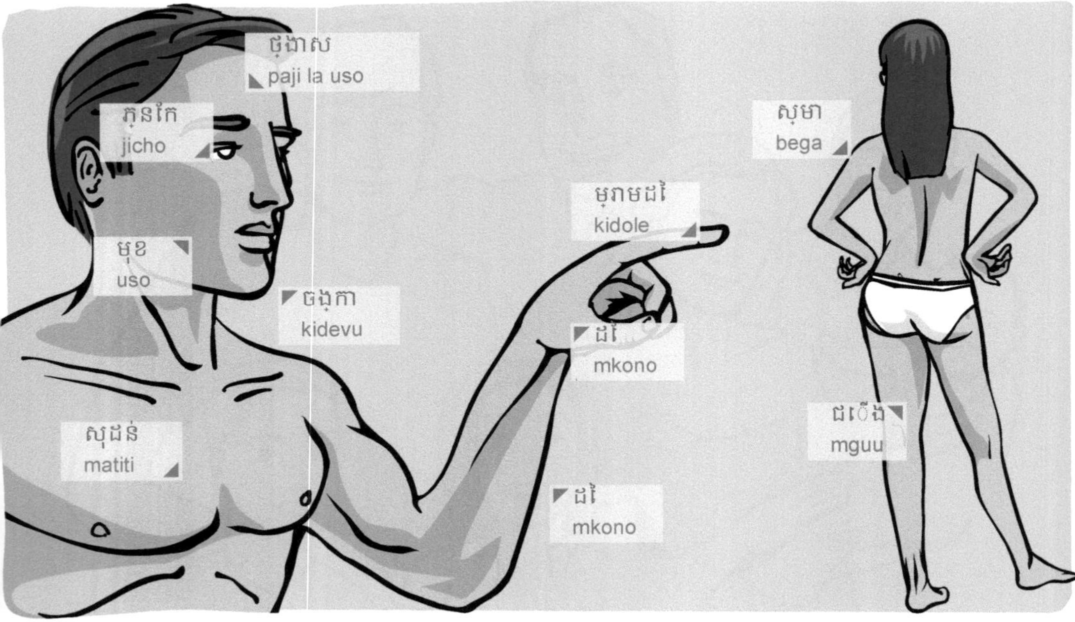

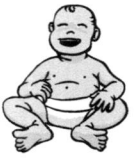

ទារក

mtoto

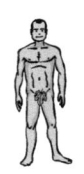

បុរស

mwanamume

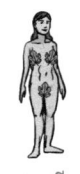

ស្ត្រី

mwanamke

ក្មេងស្រី

msichana

ក្មេងប្រុស

mvulana

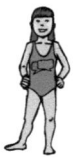

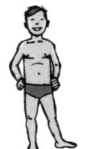

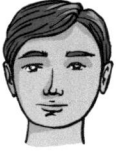

ក្បាល

kichwa

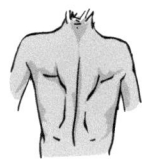

ខ្នង

nyuma

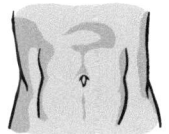

ពោះ

tumbo

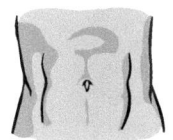

ផ្ចិត

kitovu

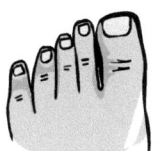

ម្រាមជើង

chano

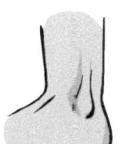

កែងជើង

kisigino

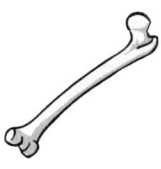

ឆ្អឹង

mfupa

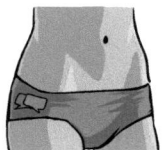

គូថគោក

nyonga

ជង្គង់

goti

កែងដៃ

kiwiko

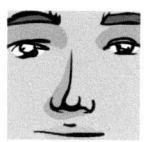

ចុងមុះ

pua

គូទ

chini

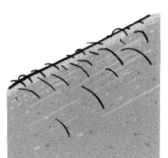

ស្បែក

ngozi

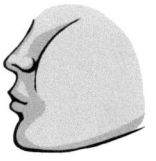

ថ្ពាល់

shavu

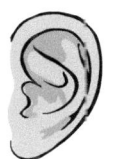

ត្រចៀក

sikio

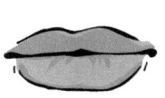

បបូរមាត់

mdomo

មាត់
....
kinywa

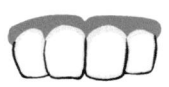

ធ្មេញ
....
jino

អណ្ដាត
....
ulimi

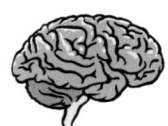

ខួរក្បាល
....
ubongo

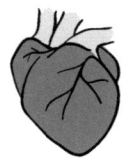

បេះដូង
....
moyo

សាច់ដុំ
....
misuli

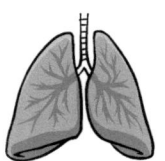

សួត
....
pafu

ថ្លើម
....
ini

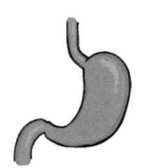

ក្រពះ
....
tumbo

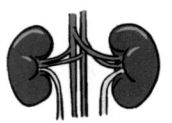

តម្រងនោម
....
figo

ការរួមភេទ
....
jinsia

ស្រោមអនាម័យ
....
kondomu

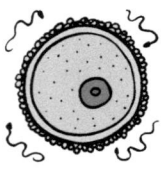

អូវុល
....
ovari

ទឹកកាម
....
shahawa

ការមានផ្ទៃពោះ
....
mimba

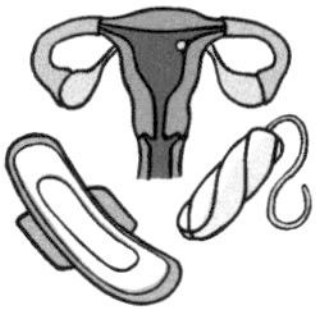

មករដូវ

hedhi

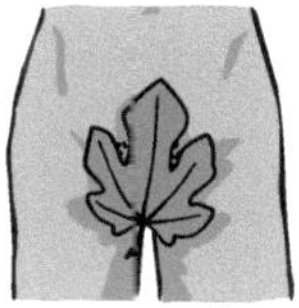

ទ្វារមាស

uke

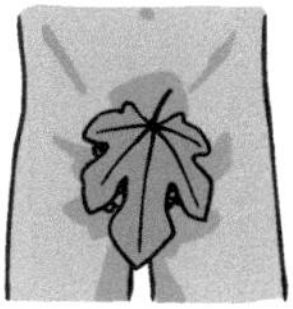

លិង្គ

uume

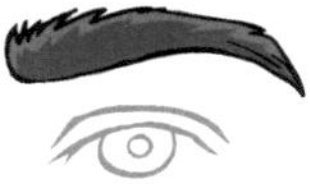

ចិញ្ចើម

unyusi

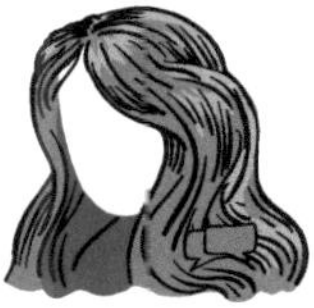

សក់

nywele

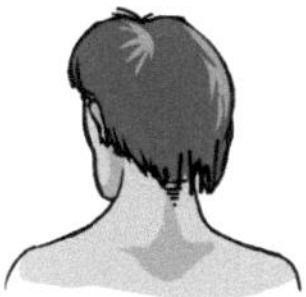

ក

shingo

មន្ទីរពេទ្យ
hospitali

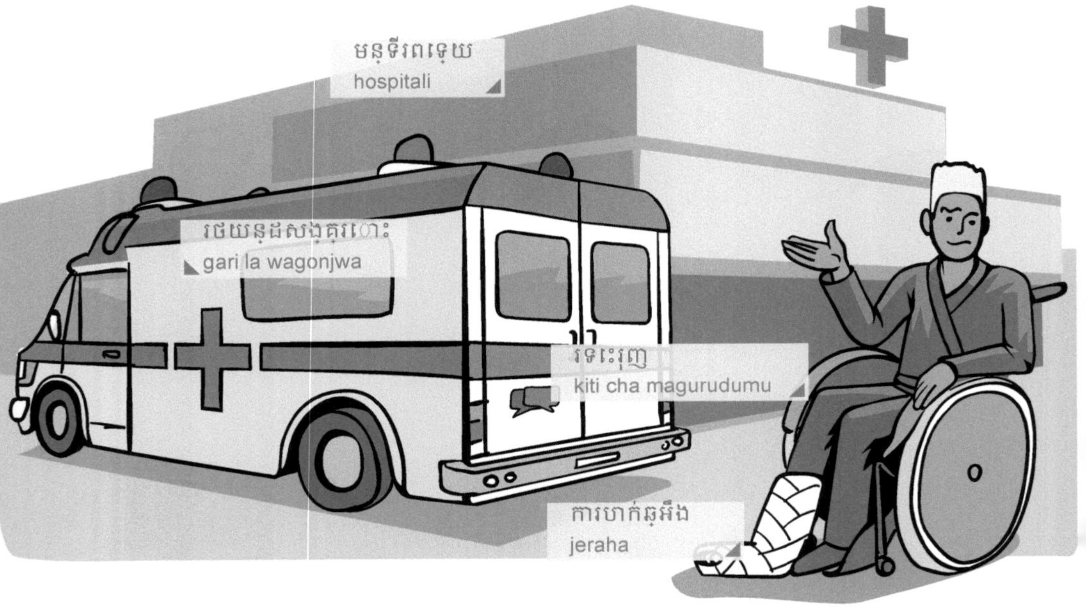

មន្ទីរពេទ្យ
hospitali
រថយន្តដឹកសង្គ្រោះ
gari la wagonjwa
រទេះរុញ
kiti cha magurudumu
ការបាក់ឆ្អឹង
jeraha

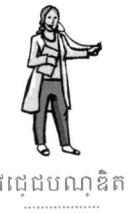

វេជ្ជបណ្ឌិត
daktari

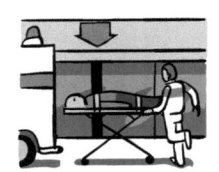

បន្ទប់សង្គ្រោះបន្ទាន់
chumba cha dharura

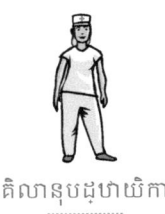

គិលានុបដ្ឋាយិកា
muuguzi

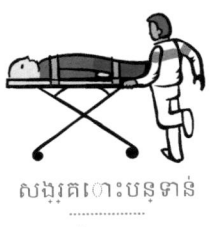

សង្គ្រោះបន្ទាន់
dharura

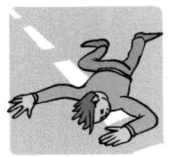

សន្លប់
kupoteza fahamu

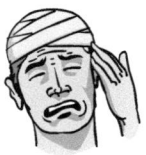

ការឈឺចាប់
maumivu

ការរងរបួស

kuumia

ការហូរឈាម

kutokwa na damu

គាំងបេះដូង

mshtuko wa moyo

ជម្ងឺដាច់សរសៃឈាមក្នុង
ក្បាល

kiharusi

អាលកែហ្គុសី

mzio

ក្អក

kikohozi

ជំងឺគ្រុន

homa

ជំងឺផ្តាសាយ

mafua

ជំងឺរាគគួស

kuharisha

ឈឺក្បាល

maumivu ya kichwa

ជំងឺមហារីក

kansa

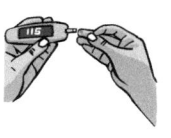

ជំងឺទឹកនោមផ្អែម

ugonjwa wa kisukari

គ្រូពេទ្យវះកាត់

daktari mpasuaji

កាំបិតវះកាត់

kisu kidogo cha ‹upasulia

ប្រតិបត្ដិការ

operesheni

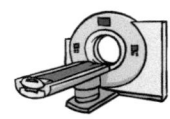

CT

picha changanufu ya mwili

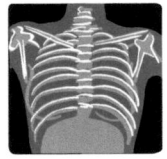

កាំស្មើអ៊ិច

Eksrei

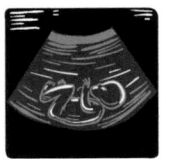

អេកូ

mawimbi sauti

របាំងមុខ

barakoa ya uso

ដំណេក

ugonjwa

រង់ចាំបន្ទប់

chumba cha kusubiri

ឈើច្រត់

mkongojo

មុនាងសិលា

plasta

បង់រុំ

bendeji

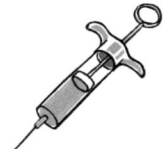

ការចាក់ថ្នាំ

sindano

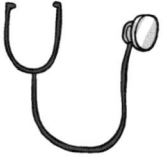

ស្តេតូស្កុប

stetoskopu

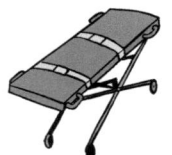

សូនដែរប្លួស

machela

ទែម៉ូម៉ែត្ររពុយាបាល

kipimajoto cha kliniki

កំណើត

kuzaliwa

លរើសទម្ងង់

unene kupita kiasi

ឧបករណ៍ជំនួយការស្ដាប់

kusikia misaada

សារធាតុសម្លាប់មេរោគ

kip_kusi

ការត្រួលងមេរោគ

maambukizi

មេរោគ

virusi

មេរោគអេដស៍ / ជំងឺអេដស៍

VVU / UKIMWI

ថ្នាំពេទ្យ

dawa

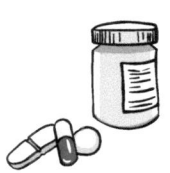

ការចាក់ថ្នាំបង្ការ

chanjo

ថប្លេិត

vidonge

ថ្នាំគ្រាប់

kidonge

ការហៅពេលអាសន្ន

simu ya dharura

ឧបករណ៍ពិនិត្យកុសម្ពាធ
ឈាម
haemodainamometa

ឈឺ / មានសុខភាពល្អ

mgonjwa / mwenye afya

ជំនួយ!

Msaada!

សំឡេងរោទ៍

kengele

ការវាយលុក

pigo

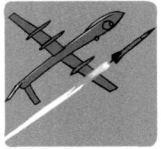

ការវាយប្រហារ

shambulizi

គ្រោះថ្នាក់

hatari

ច្រកចេញគ្រោះអាសន្ន

lango la dharura

អគ្គីភ័យ!

Moto!

បំពង់ពន្លត់អគ្គិភ័យ

kizima moto

គ្រោះថ្នាក់

ajali

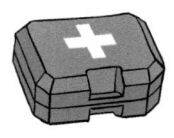

ឧបករណ៍ជំនួយបឋម

vifaa vya huduma ya kwanza

SOS

wito wa msaada

ប៉ូលិស

polisi

អឺរ៉ុប

Ulaya

អាមរិកខាងជើង

Amerika ya Kaskazini

អាមរិកខាងត្បូង

Amerika ya Kusini

អាហ្វ្រិក

Afrika

អាស៊ី

Asia

អូស្ត្រាលី

Australia

អាត្លង់ទិច

Atlantiki

ប៉ាស៊ីហ្វិក

Pasifiki

មហាសមុទ្រវេណ្ឌា

Bahari ya Hindi

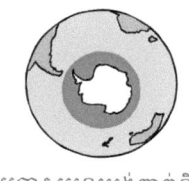

មហាសមុទ្រអង់តាក់ទិច

Bahari ya Antaktiki

មហាសមុទ្រអាកទិច

Bahari ya Aktiki

ប៉ូលខាងជើង

Ncha ya Kaskazini

ប៉ូលខាងត្បូង

Ncha ya Kusini

អង់តាក់ទិក

Antaktika

ផែនដី

dunia

ដីគោក

nchi

សមុទ្រ

bahari

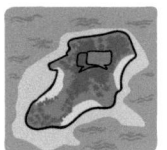

កោះ

kisiwa

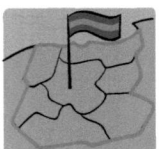

បុរទេសជាតិ

taifa

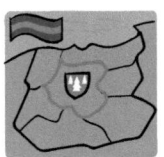

រដ្ឋ

jimbo

ផែនដី - dunia

មុខនាឡិកា

uso wa saa

ទ្រនិចម៉ោង

akrabu ya saa

ទ្រនិចនាទី

akrabu ya dakika

ទ្រនិចវិនាទី

akrabu ya sekunde

ម៉ោងប៉ុន្មាន?

Ni saa ngapi?

ថ្ងៃ

siku

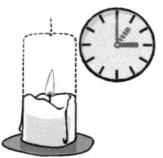

ពេលវេលា

wakati

ឥឡូវនេះ

sasa

នាឡិកាឌីជីថល

saa ya dijitali

នាទី

dakika

ម៉ោង

saa

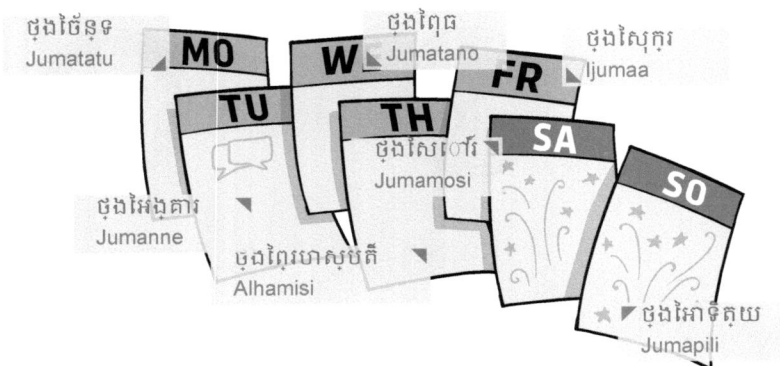

ថ្ងៃច័ន្ទ
Jumatatu

ថ្ងៃពុធ
Jumatano

ថ្ងៃសុក្រ
Ijumaa

ថ្ងៃអង្គារ
Jumanne

ថ្ងៃសៅរ៍
Jumamosi

ថ្ងៃព្រហស្បតិ៍
Alhamisi

ថ្ងៃអាទិត្យ
Jumapili

មុសិលមិញ

jana

ថ្ងៃនេះ

leo

ថ្ងៃស្អែក

kesho

ព្រឹក

asubuhi

ថ្ងៃត្រង់

saa sita mchana

ល្ងាច

jioni

ថ្ងៃធ្វើការ

siku za biashara

ថ្ងៃសប្តាហ៍

mwishoni mwa wiki

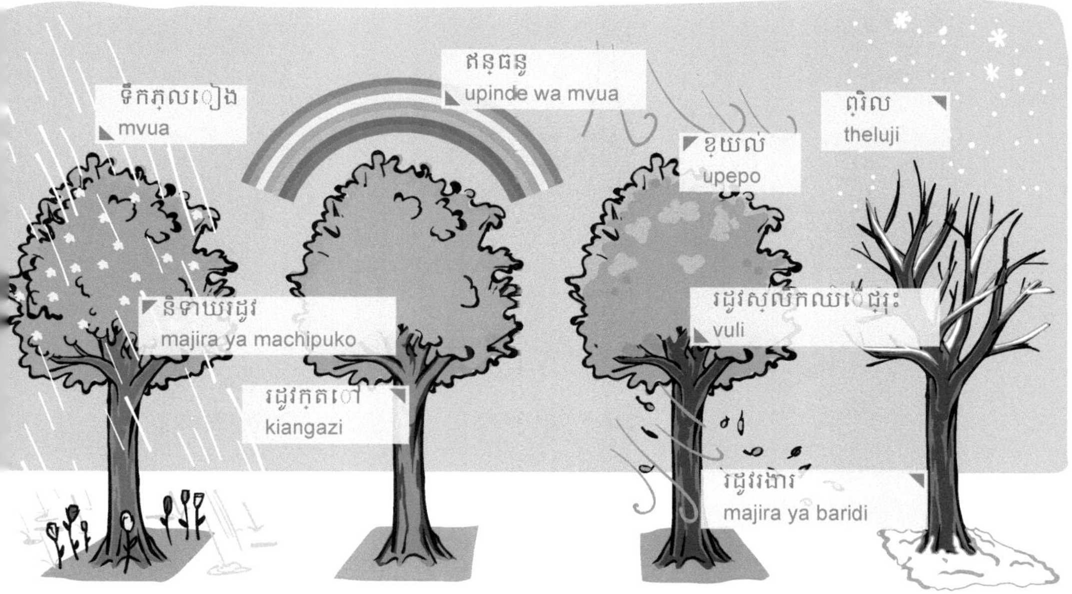

ទឹកភ្លៀងរៀង
mvua

ឥន្ធនូ
upinde wa mvua

ខ្យល់
upepo

ព្រិល
theluji

និទាឃរដូវ
majira ya machipuko

រដូវស្លឹកឈើជ្រុះ
vuli

រដូវក្តៅ
kiangazi

រដូវរងារ
majira ya baridi

4.APRIL	11°	☀
5.APRIL	4°	☁
6.APRIL	13°	☁
7.APRIL	8°	❄
8.APRIL	10°	❄

ការពុយាករណ៍អាកាសធាតុ

utabiri wa hali ya hewa

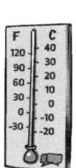

ទែម៉ូម៉ែត្រ

kipimajcto

ពន្លឺចុងវៃ

mwanga wa jua

ពពក

wingu

អ័ព្ទ

ukungu

សំណើម

unyevu

រន្ទះ

umeme

ផ្គរ

radi

ព្យុះ

dhoruba

ព្រិល

mvua ya mawe

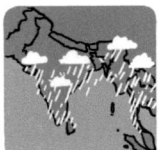

ខ្យល់មូសុង

monsuni

ទឹកជំនន់

mafuriko

ទឹកកក

barafu

ខែមករា

Januari

ខែកុម្ភៈ

Februari

ខែមីនា

Machi

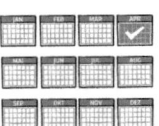

ខែមេសា

Aprili

ខែឧសភា

Mei

ខែមិថុនា

Juni

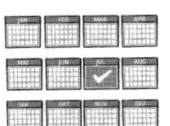

ខែកក្កដា

Julai

ខែសីហា

Agosti

ឆ្នាំ - mwaka

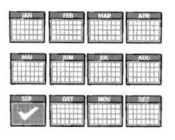

ខែកញ្ញា
....
Septemba

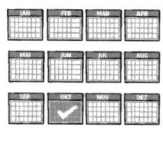

ខែតុលា
....
Ok:oba

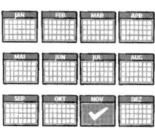

ខែវិច្ឆិកា
....
Novemba

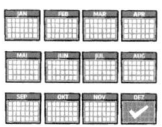

ខែធ្នូ
....
Desemba

រាង

maumbo

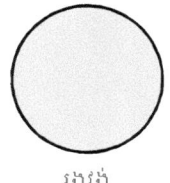

រង្វង់
....
mduara

ការ៉េ
....
mraba

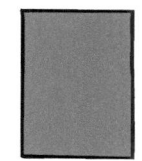

ចតុកោណកែង
....
mstatili

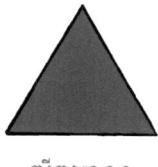

ត្រីកោណ
....
pembetatu

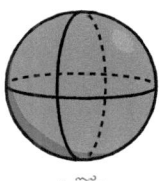

ស្វ៊ីរ៉ែ
....
nyanja

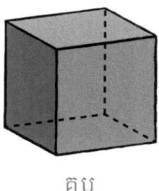

គូប
....
mchemraba

ពណ៌ស

nyeupe

ពណ៌លឿង

manjano

ពណ៌ទឹកក្រូច

chungwa

ពណ៌ផ្កាឈូក

rangi ya waridi

ពណ៌ក្រហម

nyekundu

ពណ៌ស្វាយ

hudhurungi

ពណ៌ខៀវ

bluu

ពណ៌បៃតង

kijani

ពណ៌ទឹកក្រូច

hanja

ពណ៌ប្រផេះ

jivujivu

ពណ៌ខ្មៅ

nyeusi

ចុះរេីន / តិចតួច

mengi / kidogo

ខឹង / គួរជាក់ចិត្ត

hasira / pole

ស្រស់ស្អាត / អាក្រក់

nzuri / mbaya

ចាប់ផ្ដើម / បញ្ចប់

mwanzo / mwisho

ធំ / តូច

kubwa / ndogo

ភ្លឺ / ងងឹត

angavu / giza

បងប្អូនប្រុស / បងប្អូនស្រី

kaka / dada

ស្អាត / កខ្វក់

safi / chafu

ពេញលេញ / មិនពេញលេញ

kamilika / tokamilika

ថ្ងៃ / យប់

siku / usiku

ស្លាប់ / នៅរស់

wafu / hai

ធំទូលាយ / តូចចង្អៀត

pana / nyembamba

អាចបរិភោគបាន/ មិនអាចបរិភោគបាន

kulika / kutolika

ចិត្តអាក្រក់ / ចិត្តល្អ

ovu / ema

ការរំភើប / អផ្សុក

sisimkwa / udhika

ធាត់ / ស្គម

nene / nyembamba

ដំបូង / ចុងក្រោយ

kwanza / mwisho

មិត្តភក្តិ / សត្រូវ

rafiki / adui

ពេញ / ទទេ

jaa / tupu

រឹង / ទន់

ngumu / laini

ធ្ងន់ / ស្រាល

nzito / nyepesi

ភាពអត់ឃ្លាន / ការស្រេកឃ្លាន

njaa / kiu

ឈឺ / មានសុខភាពល្អ

mgonjwa / mwenye afya

ខុសច្បាប់ / ត្រូវច្បាប់

haramu / kisheria

ឆ្លាតវៃ / ឆ្កួត

akili / kijinga

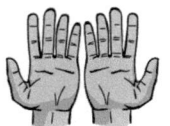

ឆ្វេង / ស្តាំ

kushoto / kulia

ជិត / ឆ្ងាយ

karibu / mbali

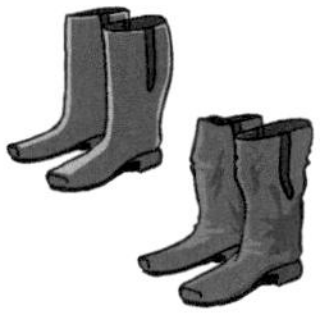

ថ្មី / បានប្រើ

mpya / kutumika

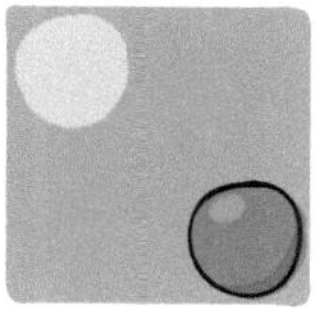

គ្មានអ្វីសោះ / អ្វីមួយ

kitu / jambo

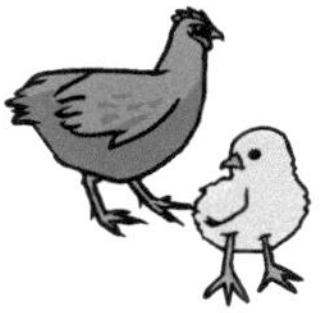

ចាស់ / ក្មេង

zee / changa

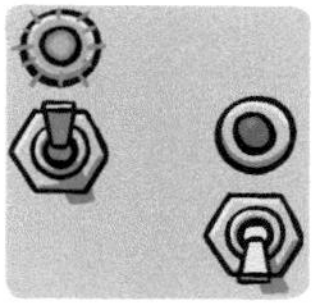

បើក / បិទ

waka / zima

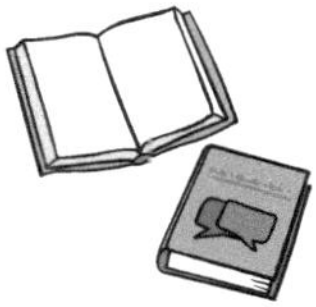

បើក / បិទ

wazi / fungwa

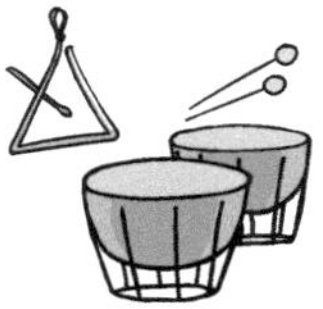

ស្ងប់ស្ងាត់ / ឮខ្លាំង

utulivu / kelele

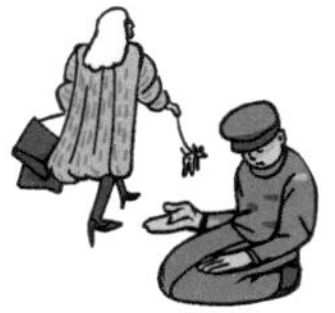

មាន / ក្រ

tajiri / masikini

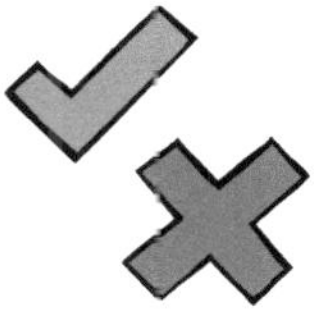

ត្រូវ / ខុស

sahihi / kosa

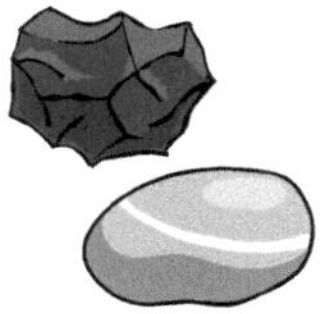

គ្រើម / រលោង

mbaya / laini

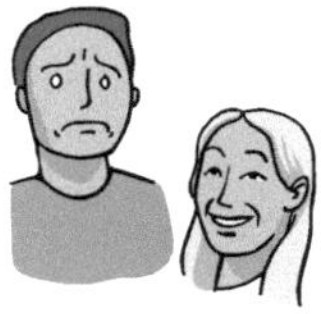

ពិបាកចិត្ត / សប្បាយចិត្ត

huzunika / furahia

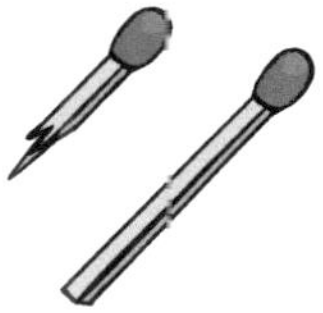

ខ្លី / វែង

fupi / ndefu

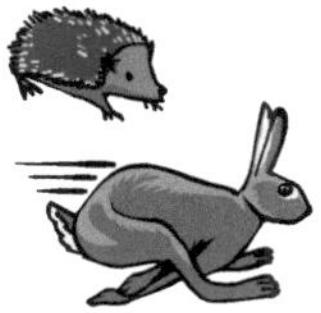

យឺត / លឿន

polepole / haraka

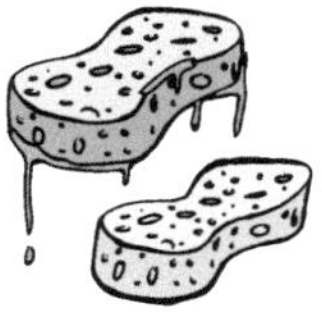

សើម / ស្ងួត

nyevu / kavu

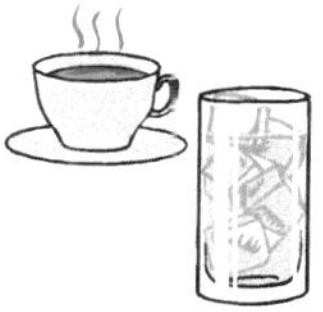

ក្តៅ / ត្រជាក់

joto / baridi

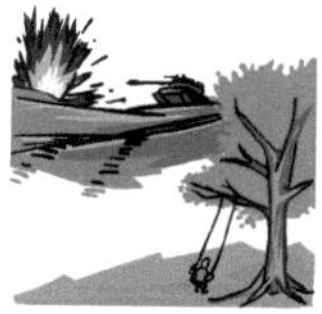

សង្គ្រាម / សន្តិភាព

vita / amani

0

ស៊ុន្យ

sufuri

1

មួយ

moja

2

ពីរ

mbili

3

បី

tatu

4

បួន

nne

5

ប្រាំ

tano

6

ប្រាំមួយ

sita

7

ប្រាំពីរ

saba

8

ប្រាំបី

nane

9

ប្រាំបួន

tisa

10

ដប់

kumi

11

ដប់មួយ

kumi na moja

12

ដប់ពីរ

kumi na mbili

13

ដប់បី

kumi na tatu

14

ដប់បួន

kumi na nne

15

ដប់ប្រាំ

kumi na tano

16

ដប់ប្រាំមួយ

kumi na sita

17

ដប់ប្រាំពីរ

kumi na saba

18

ដប់ប្រាំបី

kumi na nane

19

ដប់ប្រាំបួន

kumi na tisa

20

ម្ភៃ

ishirini

100

រយ

mia

1.000

ពាន់

elfu

1.000.000

លាន

milioni

អង់គ្លេស

Kiingereza

អង់គ្លេសអាមេរិក

Kiingereza cha Marekani

ចិនកុកងឺ

Kimandarini cha Uchina

ហិណ្ឌូ

Kihindi

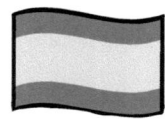

អេស្ប៉ាញ

Kihispania

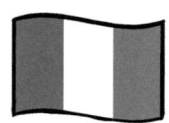

ហារ៉ាំង

Kifaransa

អារ៉ាប់

Kiarabu

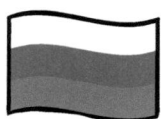

រុស្សី

Kirusi

ព័រទុយហ្គាល់

Kireno

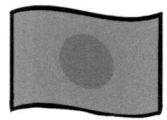

បង់ក្លាដេស

Kibengali

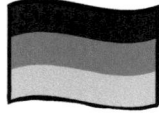

អាល្លឺម៉ង់

Kijerumani

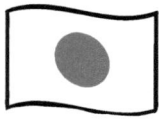

ជប៉ុន

Kijapani

ខ្ញុំ

mimi

អ្នក

wewe

គាត់ / នាង / វា

yeye / yeye / ni

យេីង

sisi

អ្នក

wewe

ពួកគេហេន

wao

នរណា?

nani?

អ្វី?

nini?

របៀបណា?

jinsi gani?

កន្លែងណា?

wapi?

ពេលណា?

lin ?

ឈ្មោះ

jina

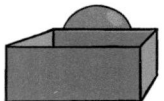

ពីក្រោយ

nyuma

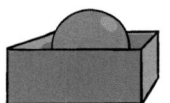

ក្នុង

katika

ពីមុខ

mbele ya

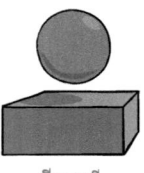

ពីលើ

juu ya

នៅលើ

kwenye

នៅក្រោម

chini ya

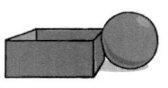

នៅក្បែរ

kando

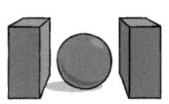

រវាង

kati

កន្លែង

mahali